ALEXANDRE DUMAS FILS

L'AMI

DES

FEMMES

COMÉDIE

PARIS

ALEXANDRE CADOT, ÉDITEUR

37, RUE SERPENTE, 37

1864

L'AMI

DES

FEMMES

COMÉDIE

EN CINQ ACTES, EN PROSE

PAR

ALEXANDRE DUMAS FILS

PARIS

ALEXANDRE CADOT, ÉDITEUR

37, RUE SERPENTE, 37,

—

1864

CLIMÈNE.

Voilà qui me confond, pour moi, que des personnes raisonnables se puissent mettre en tête de donner protection aux sottises de cette pièce.

LE MARQUIS.

Dieu me damne, madame, elle est misérable depuis le commencement jusqu'à la fin.

DORANTE.

Cela est bientôt dit, marquis. Il n'est rien plus aisé que de trancher ainsi ; et je ne vois aucune chose qui puisse être à couvert de la souveraineté de tes décisions.

LE MARQUIS.

Parbleu ! tous les comédiens en ont dit tous les maux du monde.

DORANTE.

Ah ! je ne dis plus mot : tu as raison, marquis. Puisque les comédiens en disent du mal, il faut les en croire assurément. Ce sont tous gens éclairés et qui parlent sans intérêt. Il n'y a plus rien à dire, je me rends.

CLIMÈNE.

Rendez-vous ou ne vous rendez pas, je sais fort bien que vous ne me persuaderez point de souffrir les immodesties de cette pièce, non plus que les satires désobligeantes qu'on y voit contre les femmes.

URANIE.

Pour moi, je me garderai bien de m'en offenser, et de prendre rien sur mon compte de tout ce qui s'y dit. Ces sortes de satires tombent directement sur les mœurs, et ne frappent les personnes que par réflexion. N'allons point nous appliquer nous-mêmes les traits d'une censure générale, et profitons d'une leçon si nous pouvons, sans faire semblant qu'on parle à nous. Toutes les peintures ridicules qu'on expose sur les théâtres doivent être regardées sans chagrin de tout le monde. Ce sont là miroirs publics où il ne faut jamais témoigner qu'on se voit ; et c'est se taxer hautement d'un défaut, que se scandaliser qu'on le reprenne.

(MOLIÈRE. — *Critique de l'École des femmes.*)

DISTRIBUTION DE LA PIÈCE :

DE MONTÈGRE.	MM.	LANDROL.
DE CHANTRIN.		DIEUDONNÉ.
DE SIMEROSE.		P. BERTON.
LEVERDET.		DERVAL.
DES TARGETTES.		FRANCÈS.
DE RYONS.		PAUL DESHAYES.
JANE DE SIMEROSE.	Mmes	DELAPORTE.
MADAME LEVERDET.		MÉLANIE.
MADEMOISELLE HACKENDORF. .		G. MONTALAND.
BALBINE.		C. CHAUMONT.
JOSEPH.	MM.	VICTORIN.
UN DOMESTIQUE.		ULRIC.

Le premier et le dernier acte se passent chez madame Leverdet : les deuxième, troisième et quatrième actes chez M. de Simerose. Les cinq actes à la campagne.

Nota — S'adresser pour la mise en scène à M. HÉROLD, régisseur du Gymnase.

L'AMI
DES FEMMES

❧ ⇒⇒⇒•⇐⇐⇐ ❧

ACTE PREMIER

Un salon chez M. Leverdet.

Au lever du rideau, madame Leverdet fait de la tapisserie près d'une table, et M. Leverdet dort étendu sur un canapé, tournant le dos au public.

—

SCÈNE PREMIÈRE.

MADAME LEVERDET, DE RYONS, un Domestique,
puis BALBINE.

UN DOMESTIQUE, annonçant.

Monsieur de Ryons.

MADAME LEVERDET.

Ce n'est pas possible !

DE RYONS.

C'est bien lui. Vous m'avez dit, chère madame, de venir vous voir un de ces jours, de une heure à deux. Me voici : une heure juste.

MADAME LEVERDET.

Je vous ai dit cela il y a deux ans, et vous n'êtes jamais venu ; mais le curieux là-dedans, c'est que je pensais à vous.

DE RYONS.

Niez un peu la sympathie.

MADAME LEVERDET.

Asseyez-vous là ; j'ai à vous parler des choses les plus sérieuses.

DE RYONS.

Il y a donc des choses sérieuses. Comment va M. Leverdet?

MADAME LEVERDET, elle montre son mari.

Vous voyez.

DE RYONS.

Il est souffrant?...

MADAME LEVERDET.

Il dort... C'est son habitude de dormir tous les jours une heure après son déjeuner.

DE RYONS.

Alors, il faut parler bas ..

MADAME LEVERDET.

Inutile; rien ne réveille un savant qui dort.

DE RYONS.

M. Leverdet n'est pas un vrai savant.

MADAME LEVERDET.

Oh ! si, je vous en réponds.

DE RYONS.

Il y a bien des choses qu'il ne sait pas.

MADAME LEVERDET.

Lesquelles ?

DE RYONS.

Par exemple, il ne sait pas que je suis amoureux de vous...

MADAME LEVERDET.

D'où sortez-vous ?

DE RYONS.

De chez moi.

MADAME LEVERDET.

On dirait pourtant bien le reste d'une autre visite...

DE RYONS.

Vous croyez donc ?...

MADAME LEVERDET.

Je crois que vous en dites autant à toutes les femmes... Mais mon âge devrait me mettre à l'abri.

DE RYONS.

Quel âge avez-vous ?

MADAME LEVERDET.

Vous le savez bien.

DE RYONS.

Quarante-sept ans.

MADAME LEVERDET.

Quarante-cinq. N'en mettons pas plus qu'il n'y en a.

DE RYONS.

Eh bien, voyez, je comptais sur quarante-sept. Qu'est-ce que vous faites là ?

MADAME LEVERDET.

Des pantoufles.

DE RYONS.

Pour M. Leverdet ?

MADAME LEVERDET.

Non, pour M. des Targettes, dont la fête approche.

DE RYONS, d'un ton naïf.

Vous le connaissez, M. des Targettes ?

MADAME LEVERDET.

Et vous ?

DE RYONS.

Moi, je le vois quelquefois... au cercle.

MADAME LEVERDET.

Il est le plus ancien ami de mon mari. Il est, de plus, le parrain de ma fille. Il y a longtemps que nous ne l'avons vu. Il doit avoir sa sciatique.

DE RYONS.

Malade ou non, je voudrais bien être à sa place.

MADAME LEVERDET.

Où cela ?

DE RYONS.

Ici.

MADAME LEVERDET.

Vous y êtes. Vous êtes assis sur le fauteuil où il s'assied toujours quand il vient nous voir. C'est là qu'il dort... car il dort aussi ; seulement, lui, c'est après le dîner.

DE RYONS.

Il a bien fait de choisir une autre heure que M. Leverdet.

MADAME LEVERDET.

Ils dorment quelquefois ensemble.

DE RYONS.

Dans les bras l'un de l'autre ?

MADAME LEVERDET.

Presque, ils s'adorent. (M. Leverdet se retourne.)

DE RYONS, se penchant sur le canapé.

Voilà M. Leverdet qui se réveille.

MADAME LEVERDET.

Non, c'est la demie qui sonne, nous en avons encore pour un quart d'heure. Êtes-vous prêt?

DE RYONS.

Quel air solennel !

MADAME LEVERDET.

Vous allez voir. (Au domestique qui entre.) C'est vous, Joseph. Qu'est-ce que c'est ?

JOSEPH.

Une lettre de madame la comtesse...

MADAME LEVERDET, au domestique, en lisant.

Dites que oui. Certainement... je ne sors pas de la journée... Au fait... je vais écrire. (A de Ryons.) Vous permettez ? C'est une lettre d'une charmante voisine de campagne qui revient de voyage.

DE RYONS.

Faites, faites. (Il va regarder par la fenêtre.)

MADAME LEVERDET.

Eh bien! Joseph, êtes-vous toujours content que je vous aie placé chez madame de Simerose ?

JOSEPH.

Oui, madame, et je vous en remercie.

DE RYONS, à Balbine, qu'on ne voit pas.

Bonjour, mademoiselle. Vous allez bien ?

BALBINE, du dehors.

Très-bien, monsieur, vous voyez, et vous ?

MADAME LEVERDET, à de Ryons, après avoir congédié le domestique.

Ma fille est là ?...

DE RYONS.

Oui.

MADAME LEVERDET.

Où donc ?

DE RYONS.

En l'air...

MADAME LEVERDET.

Comment, en l'air ?

DE RYONS.

Tenez.

MADAME LEVERDET.

Mais elle est folle ! Balbine !

BALBINE, du dehors.

Maman ?...

MADAME LEVERDET.

Veux-tu bien descendre de cette balançoire.

BALBINE.

Je ne peux pas l'arrêter.

DE RYONS.

Elle a de jolies jambes, votre fille.

MADAME LEVERDET.

Voulez-vous vous taire ! Balbine!

BALBINE.

Me voilà, maman, me voilà.

DE RYONS.

Pourquoi porte-t-elle des robes courtes ?

MADAME LEVERDET.

Il a été convenu qu'elle en porterait jusqu'à quinze ans, et elle n'en a que quatorze.

DE RYONS.

Et les robes courtes des filles rajeunissent les mères.

MADAME LEVERDET.

La voici. Tâchez d'être convenable.

BALBINE, entrant.

Ah ! que j'ai chaud ! (Elle court embrasser sa mère.)

MADAME LEVERDET.

Comment peux-tu te mettre dans cet état ?... Où est ton mouchoir? (Elle cherche dans la poche de sa fille.) Qu'est-ce que tu as dans ta poche ?

BALBINE.

C'est ma cravate que j'ai ôtée, qui me gênait.

MADAME LEVERDET.

Et puis ?

BALBINE.

Et puis les clefs de mes tiroirs.

DE RYONS.

Qu'est-ce que vous tenez donc renfermé ainsi, mademoiselle ?

BALBINE.

Toutes mes petites affaires que je ne veux pas qu'on touche.

MADAME LEVERDET, tirant un livre de la poche.

Et ça ?

BALBINE.

C'est mon livre d'anglais.

MADAME LEVERDET.

Un livre dans une poche avec ?...

BALBINE.

Un morceau de pain pour les poules.

MADAME LEVERDET.

Et une pomme verte.

BALBINE.

Pour moi... J'aime les pommes vertes. Du fil rouge pour marquer les serviettes, mon couteau, une boîte de plumes, un sou et la clef de la cave.

DE RYONS.

Et votre mouchoir ?...

BALBINE.

Tiens, je n'en ai pas.

DE RYONS.

Je m'en doutais. Dans les poches des petites filles, il y a tout, excepté un mouchoir.

MADAME LEVERDET.

Ah ! tu es bien fagotée.

BALBINE.

Je vais monter là-haut me rarranger.

LEVERDET, sans se retourner.

On ne dit pas monter là-haut, mademoiselle ma fille.

BALBINE, s'approchant de Leverdet et l'embrassant.

Je le sais, monsieur mon papa. C'était pour voir si tu dormais. Qu'est-ce que c'est qu'un papa qui ne dort pas à cette heure-ci. Veux-tu que je te berce ?...

LEVERDET.

Non, passe-moi le journal, ça sera plus vite fait.

DE RYONS, à madame Leverdet.

Il ne sait pas que je suis là.

MADAME LEVERDET.

Il va se rendormir sans vous voir.

DE RYONS.

C'est bien commode.

LEVERDET.

Madame Leverdet.

MADAME LEVERDET.

Mon ami?..

LEVERDET.

Que la voiture soit prête à deux heures et demie précises, et toi aussi, Balbine.

BALBINE.

Oui, papa. Mais je voulais te demander quelque chose...

LEVERDET.

Plus tard, plus tard.

MADAME LEVERDET.

Laisse dormir ton père. Va étudier un peu ton piano et habille-toi.

BALBINE, bas.

Oui, maman, je pourrai mettre mon chapeau rond et ma robe neuve ?

MADAME LEVERDET.

Mets ton chapeau rond, si tu veux, et ta robe neuve.

BALBINE.

Au revoir, monsieur.

DE RYONS.

Au revoir, mademoiselle. (Balbine sort sur la pointe du pied.)

MADAME LEVERDET, à de Ryons.

Comment la trouvez-vous, ma fille ?

DE RYONS.

Charmante... C'est charmant, les petites filles... Quel dommage que ça devienne des femmes. Vous n'avez que cette enfant-là ?

MADAME LEVERDET.

Oui.

DE RYONS.

Et vous êtes mariée depuis...

MADAME LEVERDET.

Depuis vingt-sept ans. (On entend la respiration de Leverdet.)

DE RYONS.

Il y a bien de quoi dormir tant que ça.

MADAME LEVERDET.

Le voilà reparti, vous voyez que ce n'est pas long ? — Voulez-vous vous marier ?

DE RYONS, regardant sa montre.

Le convoi part toutes les demi-heures ?

MADAME LEVERDET.

Oui.

DE RYONS.

Je n'ai que le temps... Adieu, chère madame.

MADAME LEVERDET.

Écoutez-moi un peu.

DE RYONS.

Je ne veux rien entendre.

MADAME LEVERDET.

Une fille ravissante, de bonne famille.

DE RYONS, se bouchant les oreilles.

Musicienne, parlant l'anglais, dessinant un peu, chantant agréablement, femme du monde et femme d'intérieur au choix comme les chevaux à deux fins... Je la connais, votre jeune fille... c'est et ce sera toujours la même avant le mariage; après, c'est autre chose. Vous allez voir si nous sommes loin de compte ; ce serait la fille du soleil, elle aurait des cheveux d'or, des yeux de saphir, des dents de perles, des lèvres de rubis, la beauté de Vénus, la sagesse de Minerve, la grâce de Diane, le Pérou dans sa cave et le Pactole dans son jardin, que je la refuserais encore. Est-ce clair?

MADAME LEVERDET.

Je suis habituée à cette première bordée. La jeune fille a tout cela.

DE RYONS.

Sauf les cheveux d'or.

MADAME LEVERDET.

Vous la connaissez ?

DE RYONS.

Oui. Vous n'êtes pas la première personne qui me parle d'elle.

MADAME LEVERDET.

Elle vous trouve charmant.

DE RYONS.

Vous voulez me prendre par l'amour-propre. Elle a raison... Je suis charmant, moi, pour une fille à marier.
Vingt-cinq mille livres de rentes, orphelin, indépendant, gai,
toutes mes dents et tous mes cheveux... C'est assez beau, à
trente-cinq ans, par la jeunesse qui court.

MADAME LEVERDET.

Enfin...

DE RYONS.

Il y a encore quelque chose?

MADAME LEVERDET.

Oui.

DE RYONS.

N'insistez pas, vous me rendriez malade, je suis très-ner-
veux.

MADAME LEVERDET.

Cela suffit... comme tous les gens qui disent du mal du
mariage. Vous êtes marié quelque part, dans un coin...

DE RYONS.

Moi? je suis libre comme l'air!

MADAME LEVERDET.

Alors, qui vous empêche?...

DE RYONS.

Mais justement, ma liberté. Ah! vous ne savez pas ce que
c'est que la liberté, vous autres femmes, mais vous le devinez
si bien que pas une de vous ne se marierait si elle devenait
un homme. Moi, m'inquiéter pour une femme!... Trembler
pour des enfants, promener dans toutes les gares du monde
un éternel excédant de bagages, aller nicher mon honneur
comme un nid de fauvettes, dans le premier buisson venu;
quand je puis être ici aujourd'hui, demain là, rentrer sans
que personne m'attende, sortir sans que personne le regrette
ou le désire, être seul gardien de mon honneur et conser-
ver jusqu'à ma mort ma valeur intrinsèque, car tant qu'un
homme n'est pas marié, il a toute sa valeur. Les femmes le
regardent, les mères le choient, les filles le convoitent; fût-
il laid, fût-il bossu, fût-il bancal, on peut toujours en faire un

2

mari ; tandis que le plus beau garçon du monde, l'Antinoüs, eût-il vingt ans, dès qu'il est marié, il n'existe plus pour personne, on l'appelle papa, il sent le loto, il est retiré de la circulation, c'est un assignat. Que les femmes se marient, je le comprends, elles ne peuvent pas faire autrement, sous peine de ridicule ou de scandale ; mais les hommes, et moi surtout, jamais !

MADAME LEVERDET.

Mais la jeune fille que je vous propose, est justement...

DE RYONS.

Mais si votre jeune fille était telle que je la voudrais, je serais indigne d'elle, et si elle est comme les autres, elle n'est pas digne de moi, et je sais à quoi m'en tenir, elle est comme les autres.

MADAME LEVERDET.

Et les autres, comment sont-elles ?

DE RYONS.

Je les connais, allez.

MADAME LEVERDET.

Vous connaissez les femmes, vous ?

DE RYONS.

C'est ma spécialité, je ne m'occupe que de cette branche de l'histoire naturelle, et j'y suis de première force maintenant... Au bout de cinq minutes d'examen ou de conversation, je vous dirai à quelle classe de la société une femme appartient... Grande dame, bourgeoise, artiste ou autre ; quels sont ses goûts, son caractère, son passé, la situation de son esprit et de son cœur, enfin tout ce qui concerne mon état.

MADAME LEVERDET.

Vous êtes un homme effrayant.

DE RYONS.

Peut-être plus que vous ne croyez.

MADAME LEVERDET.

Eh bien ! qu'est-ce que c'est que la femme ?

DE RYONS.

Vous voulez ma vraie, vraie opinion ?

MADAME LEVERDET.

Oui.

DE RYONS, moitié sérieux, moitié plaisant.

Eh bien ! la main sur la conscience, la femme est un être illogique, subalterne et malfaisant.

MADAME LEVERDET.

Taisez-vous, malheureux, c'est la femme qui inspire les grandes choses.

DE RYONS.

Et qui empêche de les accomplir. Les plus grands hommes et les plus utiles sont ceux qui traversent le monde sans regarder la femme ou qui la relèguent au troisième plan de la vie. Toutes les fois que vous verrez un homme d'élite assez naïf pour confier son cœur à une femme, soyez assurée que cette femme va le méconnaître, l'insulter ou le trahir avec un bélître ou un sot, depuis la femme de Socrate, qui jetait tout ce qu'on peut jeter par une fenêtre sur la tête de son époux, jusqu'à la femme de Molière qui trompait le sien avec le premier venu, et qui, lui mort, ne sut même pas être sa veuve.

MADAME LEVERDET.

Tout cela, parce qu'une femme vous aura trompé pour un homme inférieur à vous.

DE RYONS.

Non ; mais parce que plusieurs femmes ont trompé d'autres hommes pour moi ; et sur l'honneur, je ne valais pas ceux qu'elles trompaient.

MADAME LEVERDET.

Je vous crois.

DE RYONS.

Soit ! Mais tout obscur et inutile que je suis, je me suis promis de ne donner jamais ni mon cœur, ni mon honneur, ni ma vie à dévorer à ces charmants et terribles petits êtres pour lesquels on se ruine, on se déshonore et on se tue, et dont l'unique préoccupation, au milieu de ce carnage universel, est de s'habiller tantôt comme des parapluies, tantôt comme des sonnettes.

MADAME LEVERDET.

Voulez-vous boire ?

DE RYONS.

Non, merci.

MADAME LEVERDET.

Alors, vous détestez les femmes ?...

DE RYONS.

Moi, je les adore, au contraire.

MADAME LEVERDET.

Autrement dit, vous êtes un mauvais sujet, la petite monnaie de Lovelace et de don Juan.

DE RYONS.

Dieu m'en garde ! Je ne suis pas assez maladroit pour me mettre sur les bras ni Clarisse, ni Elvire, et je n'ai jamais perdu une femme, j'en ai même sauvé quelques-unes presque toujours malgré elles, je dois le dire, et tel que vous me voyez, je suis l'ami des femmes, car je me suis aperçu qu'autant elles sont redoutables dans l'amour, autant elles sont charmantes dans l'amitié, avec les hommes, bien entendu. Plus de devoirs, partant plus de trahisons ; plus de droits, par conséquent, plus de tyrannie. On assiste alors dans la coulisse comme spectateur et même comme collaborateur à la comédie de l'amour... On voit de près les trucs, les machines, toute cette mise en scène éblouissante et incompréhensible à distance... On se rend compte des causes, des effets, des erreurs, des contradictions, de tout ce va-et-vient fantastique du cœur de la femme ; voilà qui est intéressant et instructif ! on est consulté, on donne des avis, on éponge les larmes, on raccommode les amants, on redemande les lettres, on rend les portraits, car vous savez qu'en amour les portraits sont faits pour être rendus... c'est presque toujours le même qui sert. J'en connais un que j'ai redemandé à quatre hommes différents, et qui a fini par être donné au mari.

MADAME LEVERDET.

Alors, vous n'êtes jamais amoureux ?

DE RYONS.

Jamais. Pour qui me prenez-vous ?

MADAME LEVERDET.

Et ma déclaration de tout à l'heure ?

DE RYONS.

C'était une politesse.

MADAME LEVERDET.

Impertinent !

DE RYONS.

Il y a des femmes qui tiennent à cela dans la conversation.

MADAME LEVERDET.

Et ce procédé vous a réussi quelquefois ?

DE RYONS.

Plus souvent que je ne voulais. Aussi, j'y ai renoncé, excepté dans les grandes occasions.

MADAME LEVERDET.

Comptez-vous me faire croire que vous vous en tenez à la seule amitié ?

DE RYONS.

Oui ; seulement La Bruyère a dit... (Il s'arrête.)

MADAME LEVERDET.

Qu'est-ce que vous avez ? (On entend un piano.)

DE RYONS.

J'écoute cette musique sentimentale, et je trouve qu'elle fait bien sur le sommeil académique de M. Leverdet.

MADAME LEVERDET.

C'est ma fille qui étudie.

DE RYONS.

C'est votre fille qui joue du piano de cette façon-là ?

MADAME LEVERDET.

Oui.

DE RYONS.

Il faut la surveiller, votre fille ! Trop de sentiment musical pour son âge.

MADAME LEVERDET.

Vous ne faites pas grâce aux enfants.

DE RYONS.

Les femmes ne sont jamais enfants. A propos, c'est peut-être votre fille que vous me proposiez tout à l'heure ?

MADAME LEVERDET.

On ne propose pas sa fille ainsi.

DE RYONS.

C'est bon pour la fille des autres, n'est-ce pas ? Eh bien, La Bruyère a dit : « Il est plus facile de rencontrer une

femme qui n'a pas eu d'amant qu'une femme qui n'en a eu
qu'un. »

MADAME LEVERDET.

C'est La Bruyère qui a dit cela ?

DE RYONS.

Oui... fiez-vous donc aux classiques !

MADAME LEVERDET.

Alors ?

DE RYONS.

Alors, je suis surtout l'ami des femmes qui ont eu un
amant, et comme, suivant La Bruyère toujours, elles ne s'en
tiennent pas à cette première épreuve, un beau jour...

MADAME LEVERDET.

Vous êtes le second...

DE RYONS.

Non, je n'ai pas de numéro, moi. L'amour, tel que je le
comprends, n'est qu'un nœud fait à l'amitié pour qu'elle
soit plus solide. Il occupe les entr'actes des grandes passions ;
il naît dans un sourire, et se noie dans une larme entre un
couchant et une aurore. Aux petits jeux, je suis le pont
d'amour. En poésie, je suis une étoile ; dans la vie réelle, je
suis un amant sans conséquence et sans responsabilité, un
ministre sans portefeuille, et quand un jour la femme, dans
une heure de repentir, car le repentir est la grande vertu
des femmes, fait le bilan de son passé et que sa conscience
lui crie plus de noms qu'elle n'en voudrait entendre, arrivée
à mon nom, elle réfléchit un moment, puis elle se dit réso-
lûment et sincèrement à elle-même : Oh ! celui-là ne compte
pas. Je suis celui qui ne compte pas, et je m'en trouve très-
bien.

MADAME LEVERDET.

Vous êtes tout simplement monstrueux, et vous ne paraissez pas vous en douter... Mais, malheureux, vous ne croyez
donc à rien ?

DE RYONS.

Voilà bien les femmes ! Ne pas croire à elles, c'est ne croire
à rien. Je crois à ce qui est vrai et non à ce qui est faux.
Dieu voulait que le Bien fût, mais l'homme ne veut pas
qu'il soit, que la volonté de l'homme soit faite. Mais comme

il faut pourtant avoir l'air d'obéir à Dieu, on laisse la chose, et l'on se sert du mot : C'est suffisant, après tout, quand on n'y regarde pas de trop près. .

MADAME LEVERDET.

Alors, il n'y a pas d'honnêtes femmes ?

DE RYONS.

Si, plus qu'on ne le croit ; mais pas tant qu'on le dit.

MADAME LEVERDET.

Que pensez-vous de celles-là ?

DE RYONS.

Que c'est le plus beau spectacle qu'il soit donné à l'homme de contempler.

MADAME LEVERDÉT.

Enfin ! vous en avez donc vu ?

DE RYONS.

Jamais.

MADAME LEVERDET.

Eh bien, venez ici, on vous en fera voir.

DE RYONS.

Combien ?

MADAME LEVERDET.

Comment ! vous n'avez jamais vu de femmes qui aiment leur mari, qui aiment leurs enfants, et dont l'honneur est intact ?

DE RYONS.

Si ; mais ce n'est pas de la vertu, ça, c'est du bonheur. Le beau mérite d'être fidèle à un mari qu'on aime. Pourquoi ne me dites-vous pas : Admirez donc monsieur un tel qui a cinq cent mille livres de rentes, et qui n'a jamais volé — depuis qu'il les a...

MADAME LEVERDET.

Et celles qui n'ont pas trouvé le bonheur dans le mariage, que leurs maris ont trompées, abandonnées, ruinées, et qui, sans enfants pour se consoler, restent irréprochables, qu'en dites-vous ?

DE RYONS.

Qu'elles doivent être affreusement laides ou horriblement ennuyeuses.

MADAME LEVERDET.

Sortez d'ici et n'y revenez jamais. Je ne veux plus vous voir.

DE RYONS, lui tendant la main.

Adieu, chère madame.

MADAME LEVERDET.

Je ne vous donne pas la main.

DE RYONS.

J'en mourrai de chagrin, voilà tout.

MADAME LEVERDET.

Rirai-je assez quand vous serez pris à votre tour.

DE RYONS.

Je le voudrais bien, pour voir ce que c'est.

MADAME LEVERDET.

Vous le verrez...

DE RYONS.

Je ne crois pas... J'ai fait tout ce que j'ai pu pour cela, ce n'est jamais arrivé.

MADAME LEVERDET.

Savez-vous comment vous finirez ?

DE RYONS.

Dites...

MADAME LEVERDET.

A cinquante ans, vous aurez des rhumatismes...

DE RYONS.

Ou une sciatique ; mais je trouverai bien une amie pour me broder des pantoufles.

MADAME LEVERDET.

Pas même, et vous épouserez votre cuisinière.

DE RYONS.

Ça dépendra de sa cuisine.

LEVERDET se réveille, se frotte les yeux et se lève.

Deux heures ! Tout le monde est-il prêt ? Ah ! c'est vous, jeune homme. Tiens, je suis content de vous voir. Il y a longtemps que vous êtes là ?

DE RYONS.

J'étais déjà là au journal.

LEVERDET.

Ah ! mon pauvre enfant, je vous demande pardon ; mais

si vous aviez passé toute la nuit comme moi à travailler...

DE RYONS.

Qu'est-ce que vous cherchez encore en ce moment ?

LEVERDET.

Avez-vous vu quelquefois du charbon de terre ?

DE RYONS.

Oui, dans les cheminées.

LEVERDET.

Vous savez ce qu'on en fait ?

DE RYONS.

On en fait du feu.

LEVERDET.

Ce n'est pas mal pour un homme du monde ; mais nous voulons en faire autre chose.

DE RYONS.

Quoi donc ?

LEVERDET.

Vous savez que l'alcool est un produit indispensable ?

DE RYONS.

Ça se voit le dimanche.

LEVERDET.

Eh bien, nous voulons faire de l'alcool avec du charbon de terre, et à très-bon marché, vingt-cinq centimes le litre.

DE RYONS.

Ça va être dimanche tous les jours, alors.

LEVERDET, lui montrant un petit flacon qu'il prend dans sa poche.

Sentez-moi ça.

DE RYONS.

Ça ne sent rien.

LEVERDET.

Justement !... c'est l'alcool pur, abstrait, absolu, la quintessence des alchimistes... mais prenez garde de casser ce flacon, j'aurais peur de ne pas pouvoir refaire ce qu'il y a dedans, et cet échantillon me revient à 28,000 francs.

DE RYONS.

Nous avons du chemin jusqu'à 25 centimes.

LEVERDET.

Nous y arriverons.

DE RYONS.

Et après?

LEVERDET.

Nous chercherons autre chose, et ainsi de suite, pendant que vous développerez avec nos femmes des paradoxes comme ceux de tout à l'heure.

DE RYONS.

Vous nous avez donc entendus?

LEVERDET.

Parfaitement.

DE RYONS.

Vous ne dormiez pas?

LEVERDET.

Si; mais sommeil d'institut, ça dispense de parler, ça n'empêche pas d'entendre.

DE RYONS.

Eh bien, vous, mon cher maître, vous qui savez tout, qu'est-ce que vous pensez des femmes?

LEVERDET.

Demandez-leur ce qu'elles pensent de moi, ce sera bien plus drôle.

DE RYONS.

C'est que madame Leverdet veut me marier.

LEVERDET.

Elle a raison. Quel âge avez-vous?

DE RYONS.

Trente-cinq ans.

LEVERDET.

C'est déjà tard. Épousez la femme que madame Leverdet vous propose.

DE RYONS.

Vous la connaissez?

LEVERDET.

Non; mais celle-là ou une autre, peu importe!... sans cela vous serez persécuté toute votre vie par des gens qui vous crieront : « Mariez-vous donc! mariez-vous donc! » Les trois quarts de la société sont mariés! Ils n'admettront jamais, vous le comprenez bien, que l'autre quart a raison de ne pas l'être, et, tôt ou tard, il faut y passer; mieux vaut se mettre

en règle tout de suite. Et puis, pourquoi s'insurger contre les
institutions sociales? Des hommes très-intelligents ont cher-
ché le moyen de transporter le plus confortablement possible
de la vie à la mort, à travers toutes sortes d'embarras, les
sociétés désordonnées et tumultueuses. Le mariage est un de
ces moyens de transport dont personne n'a encore trouvé
l'équivalent. Quand vous descendez de chemin de fer, en
pleine campagne, vous montez dans l'omnibus qui attend
à la station. On est un peu les uns sur les autres ; on est se-
coué, on se fait du mauvais sang ; mais on s'y habitue, on
s'endort ; et on arrive pendant que les autres se fatiguent et
se perdent dans les mauvais chemins. Faites comme tout le
monde, prenez l'omnibus.

DE RYONS.

Alors, vous êtes content d'être marié ?

LEVERDET.

D'abord, je suis du vrai bois dont on fait les maris. Un savant, ça va tout seul. Je suis venu au monde marié, comme
je sais lire. Je ne me rappelle même plus comment j'ai fait.

DE RYONS.

Si vous deveniez veuf ?

LEVERDET.

Ça me contrarierait, parce que je suis très-habitué à madame Leverdet, mais je me remarierais tout de suite. Il faut
être marié, comme il faut être vacciné ; ça garantit.

DE RYONS.

Et si l'on ne peut pas vivre avec sa femme ?

LEVERDET.

On peut toujours vivre avec sa femme, quand on a autre
chose à faire.

DE RYONS.

Et si c'est elle qui vous plante là et se sauve avec un monsieur?

LEVERDET.

Le monsieur est plus à plaindre que vous, d'abord. Et puis,
vous redevenez un garçon qu'on ne peut plus marier, ce qui
est une situation admirable.

DE RYONS.

Tout cela est bien trouvé... mais le mariage n'en est pas

moins la plus lourde chaîne qu'on puisse attacher à la vie de l'homme.

MADAME LEVERDET, qui est entrée et qui a entendu.

Aussi, se met-on deux pour la porter.

LEVERDET, prenant une prise de tabac.

Quelquefois trois.

BALBINE.

Me voilà prête... Ah ! papa ?

LEVERDET.

Quoi ?

BALBINE.

Je voulais te demander quelque chose.

LEVERDET.

Qu'est-ce que c'est?

BALBINE.

Tu sais bien ma poupée, la grande Catherine, celle que tu m'as donnée, il y a trois ans, le jour que tu as lu ton grand rapport à l'Académie des sciences, que tu m'as dit...

LEVERDET.

Quel français, mon Dieu ! Eh bien, Catherine?...

BALBINE.

Veux-tu me permettre de la donner à la fille de ma maîtresse, dont c'est aujourd'hui la fête.

LEVERDET.

Donne-la à qui tu voudras, seulement c'est à ta mère qu'il faut demander ces choses-là.

BALBINE.

Maman m'a dit de te le demander à toi. Alors tu vas nous conduire jusqu'à sa porte.

LEVERDET.

Qui nous?...

BALBINE.

Catherine et moi.

LEVERDET.

Autre corvée... mais tu me feras le plaisir de l'envelopper, ta poupée. Il ne te manquerait plus que cela, avec tes robes courtes, pour avoir l'air d'une grande bête.

BALBINE, elle l'embrasse.

Merci, mon ange.

LEVERDET.

Et puis il y a des enfants, et les enfants ça console de tout.

DE RYONS.

Excepté d'en avoir.

MADAME LEVERDET, à Balbine.

Tourne-toi un peu... très-bien... Monsieur Leverdet...

LEVERDET.

Encore une commission.

MADAME LEVERDET.

Oui. N'oubliez pas de passer chez M. des Targettes.

LEVERDET.

C'est vrai, le pauvre garçon... il a la jambe prise... Voilà ce que c'est que de s'appeler Gabriel jusqu'à cinquante ans.

BALBINE.

Oh !... maman, maman... la voiture de madame de Simerose.

MADAME LEVERDET.

Eh bien, va au-devant d'elle.

LEVERDET.

Vous verrez que nous ne sortirons pas...

MADAME LEVERDET.

Si ; nous avons justement à causer, madame de Simerose et moi.

BALBINE.

Tiens, papa, garde Catherine.

LEVERDET , regardant la poupée, à de Ryons.

Voilà un joujou qui est bien fait, mais on pouvait faire beaucoup mieux, ainsi... (Il explique à voix basse.)

SCÈNE II.

M. ET Mme LEVERDET, DE RYONS, BALBINE, JANE.

MADAME LEVERDET, à Jane qui entre accompagnée de Balbine
qu'elle embrasse.

Faut-il faire la haie ?

JANE.

Il faut m'embrasser d'abord.

LEVERDET.

Et moi !

JANE.

Les deux mains pour vous, je ne vous demande pas de vos nouvelles ; j'en ai par l'*Union des sciences.*

LEVERDET.

Vous lisez ces choses-là.

JANE.

En Dauphiné on est capable de tout.

LEVERDET.

Vous êtes donc revenue par le Dauphiné ?...

JANE.

Oui, j'y suis depuis quinze jours chez ma tante.

LEVERDET.

Quelle voyageuse !

MADAME LEVERDET, présentant de Ryons.

Monsieur de Ryons ! (Jane salue.) Et quand êtes-vous arrivée ?

JANE.

Ce matin, et ma première visite est pour vous... (A Leverdet.) Mais vous alliez sortir, ne vous gênez pas. Deux femmes qui ne se sont pas vues depuis six mois sont sûres de ne pas s'ennuyer ensemble. Ah! comme elle est belle, cette chère enfant. (Elle embrasse Balbine.) Elle est aussi grande que moi. (Elle ôte son châle et son chapeau.)

MADAME LEVERDET, à de Ryons.

Connaissez-vous cette dame ?

DE RYONS.

Je ne l'ai jamais vue.

MADAME LEVERDET.

Avez-vous entendu parler d'elle ?

DE RYONS.

Jamais.

MADAME LEVERDET.

Votre parole ?

DE RYONS.

Ma parole !

MADAME LEVERDET, à de Ryons.

Eh bien ? quelle personne est-ce, puisque vous êtes si fort ?

DE RYONS.

Rien de plus facile.

MADAME LEVERDET.

Voyons...

DE RYONS.

C'est évidemment une femme du monde, une vraie...

MADAME LEVERDET.

A quoi le voyez-vous ?

DE RYONS.

A sa manière d'entrer dans un salon, de s'habiller, de saluer, de tendre la main, c'est l'A B C de l'art.

MADAME LEVERDET.

Oui... c'est une femme du monde.

DE RYONS.

Elle a été élevée à Paris, mais elle a du sang étranger dans les veines.

MADAME LEVERDET.

Qu'est-ce qui l'indique ?

DE RYONS.

La façon dont elle vous a sauté au col. Une française pure n'aurait pas oublié qu'elle avait sur la tête un chapeau de chez madame Ode, car son chapeau vient de chez madame Ode.

MADAME LEVERDET.

Vous vous connaissez donc aussi en chapeaux ?

DE RYONS.

Les chapeaux, les bottines et les gants, toute la femme est là.

MADAME LEVERDET.

Son père était français, mais sa mère était grecque.

DE RYONS.

Maintenant elle est veuve ou séparée de son mari.

MADAME LEVERDET.

Qui vous le fait croire ?

DE RYONS.

Personne ne lui a demandé des nouvelles de M. de Sime-rose, il faut qu'elle soit veuve ou séparée de lui.

MADAME LEVERDET.

Elle est séparée du comte.

DE RYONS.

Et c'est lui qui a eu les torts...

MADAME LEVERDET.

Qu'en savez-vous ?...

DE RYONS.

Vous ne la recevriez pas si c'était elle !

MADAME LEVERDET.

Allons, pas mal... maintenant l'état de son cœur ?

DE RYONS.

Ceci est plus grave. Il faut pour cela qu'elle me parle, c'est dans la voix qu'on découvre ces choses-là.

MADAME LEVERDET.

Elle s'approche de nous.

DE RYONS, à lui-même.

Commençons l'attaque.

JANE, à de Ryons.

Mademoiselle Leverdet vient de me répéter votre nom, monsieur, que je n'avais d'abord pas bien entendu. Nous sommes presque de vieilles connaissances, si, comme je le crois, vous êtes parent de M. le vicomte de Ryons qui a été consul en Grèce.

DE RYONS.

C'était mon oncle, madame.

JANE.

Eh bien, monsieur, votre oncle a été un des témoins de mon père quand il s'est marié.

DE RYONS.

Je suis très-heureux et très-honoré de cette circonstance, madame, et il me semble maintenant que, moi aussi, j'ai déjà eu l'honneur de me rencontrer avec vous.

JANE.

Ce qui ne serait pas flatteur pour moi, monsieur, puisque vous n'en êtes pas certain; mais je ne le crois pas, car si nous nous étions déjà rencontrés, votre nom eût évoqué alors comme aujourd'hui, le souvenir de ce que je viens de rappeler.

DE RYONS.

Mais peut-être alors, madame, ne connaissiez-vous pas mon nom.

JANE.

Me voilà tout excusée, en ce cas, de mon manque de mémoire.

MADAME LEVERDET.

Il ne faut vous étonner de rien avec monsieur, chère enfant; je vous en préviens; il voit ce que les autres ne voient pas, monsieur est le diable. *

JANE.

Je lui en fais mon compliment.

MADAME LEVERDET.

Et il dit la bonne aventure.

JANE.

Qui peut le plus peut le moins ; pour moi, j'adore les sor-
celleries.

DE RYONS.

Eh bien, madame, je pourrai peut-être vous dire des
choses extraordinaires.

JANE.

Que faut-il faire pour cela ?

DE RYONS.

Savez-vous l'anglais, madame ?

JANE.

Oui !

DE RYONS.

Eh bien, veuillez me répéter en anglais les mots que je
vais vous dire : Monsieur, à quelle heure arriverons-nous à
Strasbourg. Ne craignez rien, je ne suis pas fou !

MADAME LEVERDET.

Je n'en jurerais pas.

JANE.

Enfin, monsieur, si cela doit vous faire un grand plaisir,
j'y consens.

DE RYONS.

Bien distinctement n'est-ce pas, madame ?

JANE.

At what o'clock shall we arrive at Strasburg, sir ? Est-ce cela ?

DE RYONS.

Oui, madame, je vous remercie.

JANE.

Puis-je faire encore quelque chose pour votre service, monsieur ?

DE RYONS.

Oui, madame, mais une première fois il ne faut pas abuser.
D'ailleurs je sais ce que je voulais savoir.

JANE.

Et vous me ferez sans doute l'honneur de me le dire...

3

DE RYONS.

Certainement.

JANE.

Et je vous en serai très-reconnaissante, car je ne suis pas tout à fait de votre pays, et je comprends tous les mots de votre langue, mais je n'en comprends pas aussi bien toutes les finesses. Je le regrette, sachant que la plaisanterie française, si elle n'est pas toujours convenable, est presque toujours spirituelle. (Elle salue et s'éloigne.)

MADAME LEVERDET.

Qu'en dites-vous?...

DE RYONS.

Elle a de la riposte, bravo! Elle est de la grande famille, c'est une vraie femme.

MADAME LEVERDET.

Ce qui veut dire?...

DE RYONS.

Capable de tout, même du bien.

MADAME LEVERDET.

Et l'état de son cœur.

DE RYONS.

Elle a aimé...

MADAME LEVERDET.

Qui?... son mari ou un autre?

DE RYONS, riant.

Il faut que je la voie à table pour cela.

MADAME LEVERDET.

Je suis bien bonne d'écouter vos folies... j'en sais plus long que vous.

DE RYONS.

Soit, mais laissez-moi le mérite de deviner... En attendant, votre maison est originale, et je suis fâché de ne pas y être venu plus tôt. Il y a à faire ici pour un collectionneur comme moi, et voilà, je crois, un sujet que je n'ai pas encore catalogué.

MADAME LEVERDET.

Eh bien, revenez dîner aujourd'hui.

DE RYONS.

Je n'y manquerai pas.

LEVERDET, à de Ryons.

On n'attend plus que vous.

DE RYONS.

Me voici.

BALBINE, bas à sa mère.

Ah! maman, j'oubliais de te dire, l'épileuse est là.

MADAME LEVERDET.

C'est bien, c'est bien... (Tout le monde sort, excepté Jane et madame Leverdet.)

SCÈNE III.

JANE, MADAME LEVERDET.

JANE.

Qu'est-ce que c'est que ce M. de Ryons? Je ne l'ai jamais vu chez vous?

MADAME LEVERDET.

C'est un homme du monde, très-léger, très-bavard, très-indiscret, fréquentant, je crois, la plus mauvaise compagnie, cela se voit de reste; qui ferait pendre son meilleur ami, s'il pouvait avoir un ami, pour un mot spirituel, et qui a deux manies : l'une de ne croire à rien, l'autre de connaître les femmes. Vous ne l'aviez jamais rencontré?

JANE.

Jamais, bien qu'il ait l'air de le croire.

MADAME LEVERDET.

Eh! il m'a dit sur vous, à première vue, des choses absolument vraies. Je vous préviens que vous l'intéressez beaucoup; et si vous pouvez le rendre amoureux, ce qui vous sera bien facile, vous vengerez la communauté qu'il attaque du matin au soir.

JANE.

Si c'est pour le bien public, nous verrons.

MADAME LEVERDET.

Pourquoi ce brusque retour dont je me réjouis, mais dont vous ne me disiez rien dans votre dernière lettre?

JANE.

Je ne comptais pas revenir si tôt; mais je me suis mise tout à coup à m'ennuyer.

MADAME LEVERDET.

Et pourquoi étiez-vous partie si vite, sans dire gare, du jour au lendemain, comme vous revenez, du reste? Vous ne faites rien comme les autres.

JANE.

C'est le sang d'Épaminondas; mais, en réalité, ma mère avait la nostalgie du soleil.

MADAME LEVERDET.

Voilà tout!

JANE.

C'est bien assez.

MADAME LEVERDET.

J'aime mieux cela que ce que j'imaginais.

JANE.

Qu'imaginiez-vous donc?

MADAME LEVERDET.

Quelque chagrin ..

JANE.

Grâces à Dieu, non !

MADAME LEVERDET.

Votre mère est revenue avec vous?

JANE.

Non! elle ne revient que dans deux ou trois jours. C'est mon oncle qui m'a accompagnée. Mais il est allé voir son fils à Fontainebleau jusqu'à demain.

MADAME LEVERDET.

Alors, vous êtes toute seule ici?

JANE.

Toute seule.

MADAME LEVERDET, étonnée.

Ah ! voyons... quand prenons-nous la grande résolution ?

JANE.

Laquelle?

MADAME LEVERDET.

Celle de vous réconcilier avec M. de Simerose.

JANE.

Avec mon mari!... Ah! mon Dieu! tout de suite, avant de
nous asseoir? Mais M. de Simerose ne pense plus à moi, et
heureusement je ne pense plus à lui.

MADAME LEVERDET.

Vous vous trompez, il pense à vous!

JANE.

Qui vous a dit cela?

MADAME LEVERDET.

Lui-même!

JANE.

Vous l'avez vu?

MADAME LEVERDET.

Il y a huit jours.

JANE.

Où donc?

MADAME LEVERDET.

Chez la vieille marquise de Courleval.

JANE.

Et vous vous l'êtes fait présenter?

MADAME LEVERDET.

J'étais curieuse de le connaitre... Je le trouve charmant!

JANE.

Et il vous a parlé de moi?

MADAME LEVERDET.

Beaucoup... et dans les termes les plus honorables et les
plus affectueux.

JANE.

Je le croyais en voyage.

MADAME LEVERDET.

Il est revenu!

JANE.

C'est contre nos conventions, puisqu'il s'était engagé à ne
pas vivre dans la même ville que moi.

MADAME LEVERDET.

Vous étiez absente, et, d'ailleurs, il va repartir.

JANE.

Pourquoi ne m'avez-vous rien écrit à ce sujet?

MADAME LEVERDET.

Ce sont choses qu'on n'écrit pas ; à distance, la réponse est trop facile.

JANE.

Alors vous comptez m'attaquer énergiquement ?..

MADAME LEVERDET.

Oui! M. de Simerose se repent.

JANE.

Serait-il ruiné?

MADAME LEVERDET.

Voilà un vilain mot et indigne de vous. Je vous assure qu'il est sincère.

JANE.

Inutile, chère madame. J'ai été blessée trop profondément. Je comprends qu'à un homme habitué aux faveurs des plus grandes dames, à ce qu'on m'a dit, depuis notre séparation, car on a toujours des amis pour vous dire ces choses-là, une petite niaise comme moi ait paru ennuyeuse et insuffisante. J'excuserais peut-être qu'il m'eût négligée pour une personne d'un mérite supérieur au mien, ce qui n'eût certainement pas été difficile à trouver ; mais pour la personne dont il s'agit, franchement, je valais mieux que cela, et tout en moi se révolte encore sous un pareil souvenir. Je ne sais pas si d'autres femmes pardonnent ces sortes de choses, mais je ne les pardonne pas, car ce n'est ni de la colère, ni du mépris, c'est du dégoût que cette conduite m'inspire.

MADAME LEVERDET.

Vous ne connaissez pas les hommes. Votre mari vous aimait peut-être alors et vous aime certainement aujourd'hui. Tout le monde a été de votre avis et a pris fait et cause pour vous... Les femmes, par esprit de corps, les hommes, par calcul ; ils espèrent toujours gagner quelque chose à ces catastrophes ; mais au bout d'un certain temps, les femmes se lassent d'admirer une de leurs semblables, les hommes de plaindre une jeune et jolie femme sans bénéfice pour eux. Il ne reste plus alors qu'une femme séparée de son mari, ce qui est toujours un fait anormal, regrettable dans notre société, et peu à peu

la réaction se fait. La faute du mari, avec le temps, devient
une peccadille qui ne méritait peut-être pas tant de bruit, et
la rigueur prolongée de la femme, surtout lorsque le mari
fait le premier les tentatives de rapprochement, ne s'explique
plus aussi bien. On lui cherche alors une raison à côté, et si
l'on n'en trouve pas, on en suppose.

JANE.

En est-on là ?...

MADAME LEVERDET.

Non, mais cela viendra fatalement. En attendant, vous vi-
vez dans une véritable servitude, toutes les portes et toutes
les fenêtres ouvertes, sous la surveillance de la haute opinion.
Vous ne pouvez ni voyager, ni recevoir, ni rester seule, sans
qu'on se demande pourquoi, à propos de l'action la plus simple.
On vous jalouse, on vous épie, et à la moindre imprudence,
on se vengera de vos deux années d'existence irréprochable.
Croyez-moi, pardonnez, il est temps !

JANE.

Non !

MADAME LEVERDET.

Vous avez tort ! De deux choses l'une : ou vous n'avez jamais aimé que M. de Simerose, et, dans ce cas, il est bien
facile de l'aimer encore et de lui pardonner en sautant brave-
ment par-dessus votre orgueil; ou vous ne l'aimez décidément plus; dans ce cas, si le mari vous est indifférent, béné-
ficiez au moins du mariage, et maintenant que vous en avez
eu les chagrins, acceptez-en les priviléges.

JANE.

Que voulez-vous dire?

MADAME LEVERDET.

Du jour où M. de Simerose sera rentré dans votre maison, personne ne regardera plus ce qui s'y passe. C'est au
mari que le monde confie la garde de sa femme, et tant qu'il
ne dit rien, le monde n'a rien à dire. Les liens de l'épouse
sont la liberté de la femme.

JANE.

Pardonnez-moi de n'être pas de votre avis, chère madame,
mais d'abord on peut ouvrir chez moi les portes et les fenêtres, je ne crains pas les courants d'air. Je livre même les

trous de mes serrures si l'on y tient. Je garde la position qu'on
m'a faite... malgré moi, et, entre nous, je la trouve bonne...
Je n'ai pas d'enfants, je suis riche, je suis libre, je crois ne
devoir compte de mes actions qu'à moi-même. Cependant si
le monde trouve, malgré tout, à blâmer dans ma conduite et
vous a chargée, chère madame, de me le dire, dites-le-moi
clairement... Je sais à quoi m'en tenir sur son compte, et je
n'ai pas plus besoin de lui qu'il n'a besoin de moi. Je comprends qu'une femme n'affiche pas sa faute au grand jour
quand elle en commet une, j'aimerais cependant encore
mieux savoir la mienne connue de la terre entière, si j'étais
coupable, que de l'escamoter sous des hypocrisies conjugales.
Cette manière de voir n'est peut-être pas selon les habitudes
françaises, mais, vous le savez, je suis un peu sauvage.

MADAME LEVERDET.

N'en parlons plus, ma chère enfant. Il y a, dans nos appré-
ciations des choses, la différence de nos âges. Je vois de vingt
ans plus haut que vous... J'aimerais mieux voir de votre
place, mais un jour vous reconnaîtrez que je devais vous
parler comme je l'ai fait. Du reste, personne ne vous attaque, rassurez-vous; seulement vos amis dont je suis, vou-
draient vous savoir aussi heureuse que vous méritez de l'être,
et l'occasion était bien tentante...

JANE.

Comment?

MADAME LEVERDET.

Venez-vous me demander à dîner ?...

JANE.

A moins que vous n'ayez beaucoup de monde ; je suis un
peu fatiguée de la route.

MADAME LEVERDET.

Je n'ai que des amis... M. de Chantrin...

JANE.

Il a toujours sa barbe?

MADAME LEVERDET.

Toujours... M. de Ryons que vous venez de voir, M. de
Montègre à qui j'ai promis de vous le présenter quand vous
seriez de retour.

JANE, d'un air distrait.

Je l'ai déjà vu deux ou trois fois chez sa sœur.

MADAME LEVERDET.

Mais vous ne l'avez jamais reçu ?

JANE.

Jamais.

MADAME LEVERDET.

Mademoiselle Hackendorf, qui viendra probablement nous voir dans la soirée. Je voulais l'avoir à dîner, mais elle est si recherchée quand elle traverse Paris...

JANE.

Toujours belle ?...

MADAME LEVERDET.

Toujours... M. des Targettes que mon mari est allé chercher...

JANE.

J'avais oublié de vous demander de ses nouvelles.

MADAME LEVERDET, d'un air distrait.

Je crois qu'il a été un peu souffrant.

JANE.

Vous n'en êtes pas sûre ?

MADAME LEVERDET.

Non... Nous le voyons beaucoup moins... Enfin...

JANE.

Enfin ?...

MADAME LEVERDET.

Devinez.

JANE.

Comment voulez-vous ?...

MADAME LEVERDET.

M. de Simerose.

JANE.

Mon mari ?

MADAME LEVERDET.

Lui-même.

JANE.

Ah ! vous avez donc décidément passé dans le camp ennemi en mon absence ?

MADAME LEVERDET.

Non... mais j'entrevoyais une réconciliation possible dont
j'aurais été fière et heureuse d'être l'instrument. Je l'ai invité
à dîner. Cela se trouve justement aujourd'hui. Accusez le
hasard, mais non pas moi... Savez-vous ce qu'il y aurait de
mieux à faire ?

JANE.

Dites.

MADAME LEVERDET.

Restez ici... Laissez entrer M. de Simerose, donnez-lui la
main, comme si vous vous étiez quittés il y a deux jours,
dînez avec lui, et allez-vous-en tous les deux ensuite bras
dessus bras dessous sans explication, ce sera tout ce qu'il y
aura de plus spirituel au monde.

JANE.

Oui, ce sera spirituel, aujourd'hui, mais demain ?...

MADAME LEVERDET.

Non, alors ?

JANE, résolument.

Non !

MADAME LEVERDET.

Vous m'en voulez.

JANE.

Je ne vous en veux pas. Mais à une condition.

MADAME LEVERDET.

Dites.

JANE.

Vous ne dînerez pas chez vous aujourd'hui.

MADAME LEVERDET.

Et mes invités?

JANE.

Vous les amènerez dîner chez moi, je les recevrai avec
plaisir.

MADAME LEVERDET.

Tous ?...

JANE.

Excepté un.

MADAME LEVERDET.

Folle ! Je vous reconnais bien là.

JANE.

C'est mon ultimatum.

MADAME LEVERDET.

On fera ce que vous voulez.

JANE.

Alors je rentre et je fais tout disposer pour vous recevoir...
Voulez-vous bien demander mon châle et mon chapeau.
(Madame Leverdet sonne.)

SCÈNE IV.

LES MÊMES, DES TARGETTES.

DES TARGETTES, qui est entré.

Bonjour, comtesse.

JANE.

Vous m'avez fait peur.

DES TARGETTES.

Comment allez-vous ?

JANE.

A merveille !

DES TARGETTES.

Oh ! je suis bien heureux de vous voir.

JANE.

Mais vous n'en paraissez pas étonné.

DES TARGETTES.

Je savais que vous étiez là.

JANE.

Qui vous l'avait dit ?

DES TARGETTES.

Toutes les fois que je viens ici, je demande toujours qui s'y
trouve ; on y reçoit des gens si ennuyeux. Quand j'ai su que
c'était vous...

JANE.

Vous êtes entré tout de même... c'est bien aimable de votre
part. Vous allez mieux ?...

DES TARGETTES.

Vous savez donc que j'ai été malade ?

JANE.

Madame Leverdet vient de me dire...

MADAME LEVERDET.

Que je le supposais, n'ayant pas vu M. des Targettes depuis huit jours.

DES TARGETTES.

J'ai été un peu souffrant en effet, mais je vais mieux.

JANE.

Alors je pars tranquille... à tantôt... ne vous dérangez pas, mon domestique est là. (Elle sort.)

SCÈNE V.

DES TARGETTES, MADAME LEVERDET.

DES TARGETTES, à qui madame Leverdet ne parle pas.

C'est ainsi que vous recevez les gens ?

MADAME LEVERDET.

Comment voulez-vous que je vous reçoive ? Vous entrez chez moi, vous ne me saluez même pas. Vous me devriez bien quelques égards, surtout devant une étrangère.

DES TARGETTES.

A ce compte-là, vous me devez bien quelques égards aussi, et lorsque je suis malade, de ne pas me laisser huit jours sans envoyer savoir de mes nouvelles; si vous appelez ça de l'amitié !...

MADAME LEVERDET.

J'ignorais que vous fussiez malade.

DES TARGETTES.

Ça n'était pas difficile à deviner cependant... et la preuve, c'est que vous l'avez dit à la comtesse.

MADAME LEVERDET.

Qu'est-ce que vous avez eu ?

DES TARGETTES.

J'ai eu ma sciatique.

MADAME LEVERDET.

Avez-vous vu un médecin ?

DES TARGETTES.

Evidemment... c'est toujours par cette bêtise-là qu'on commence.

MADAME LEVERDET.

Qu'est-ce qu'il a dit?

DES TARGETTES.

Qu'est-ce que vous voulez qu'il dise ? il m'a purgé, mais tout cela me fatigue beaucoup.

MADAME LEVERDET.

Enfin vous allez mieux !

DES TARGETTES.

Il paraît. C'est égal, je serais mieux de savoir pourquoi je n'ai pas entendu parler de vous.

MADAME LEVERDET.

D'abord, il ne serait guère convenable que j'allasse dans votre maison.

DES TARGETTES.

Vous pouvez y venir avec votre fille, puisque je suis son parrain.

MADAME LEVERDET.

Elle a ses professeurs tous les jours et toute la semaine a été prise par des détails de ménage, des confitures, des lessives.

DES TARGETTES.

A la bonne heure; voilà des raisons! Mais vous pouviez envoyer M. Leverdet.

MADAME LEVERDET.

Il est chez vous.

DES TARGETTES.

C'est bien heureux.

MADAME LEVERDET.

Ah ! vous êtes mal disposé aujourd'hui.

DES TARGETTES.

Vous comprenez bien que cet état de choses ne peut durer.

MADAME LEVERDET.

Vous savez ce que je vous ai dit : faites tout ce que vous croirez devoir faire.

DES TARGETTES.

Je profiterai de la permission.

MADAME LEVERDET.

Vous en avez déjà profité, je crois.

DES TARGETTES.

Peut-être.

MADAME LEVERDET.

Pourquoi n'est-ce pas encore fait?...

DES TARGETTES.

Patience, cela se fera.

MADAME LEVERDET.

Personne ne le souhaite plus vivement que moi.

DES TARGETTES.

Parce que?...

MADAME LEVERDET.

Parce que je voudrais vous voir heureux.

DES TARGETTES.

Vous êtes bien bonne.

MADAME LEVERDET.

Vous venez dîner avec nous?

DES TARGETTES.

Oui !

MADAME LEVERDET.

Nous dînons chez la comtesse, mais vous êtes invité.

DES TARGETTES.

Est-ce que vous avez renvoyé votre cuisinière?

MADAME LEVERDET.

Non.

DES TARGETTES.

Je vous en avais priée, cependant.

MADAME LEVERDET.

M. Leverdet est habitué à elle.

DES TARGETTES.

Je lui en fais mon compliment. Moi, je suis malade les lendemains des jours où je dîne ici. M. Leverdet va-t-il rentrer ?

MADAME LEVERDET.

Oui.

DES TARGETTES.

Je vais l'attendre, si vous le permettez... il faut que je lui parle.

MADAME LEVERDET.

A propos de la cuisinière?

DES TARGETTES.

Peut-être. A quelle heure rentrera-t-il?

MADAME LEVERDET.

A quatre heures... Voulez-vous des journaux ?...

DES TARGETTES.

Merci.

MADAME LEVERDET.

Vous permettez ?...

DES TARGETTES.

Faites...

MADAME LEVERDET, sortant avec un soupir.

Ah !

DES TARGETTES, seul.

Tout va comme sur des roulettes... Des Targettes, mon ami, je suis content de toi.

ACTE DEUXIÈME

Chez madame de Simerose. — Boudoir. — Serre au fond

—

SCÈNE PREMIÈRE.

DE RYONS, DES TARGETTES, DE MONTÈGRE.

DE RYONS.

Je ne sais pas comment on dîne chez madame Leverdet, mais j'ai admirablement dîné ici.

DES TARGETTES.

On mange très-mal chez les Leverdet. Depuis quelque temps, la maison se perd. C'était cependant une des bonnes tables de Paris. N'est-ce pas, de Montègre ?...

DE MONTÈGRE.

Oui, je crois !...

DES TARGETTES.

On peut dire que vous êtes distrait, vous, aujourd'hui !...

DE MONTÈGRE.

Je vous demande pardon, je pensais à autre chose.

DES TARGETTES.

C'est ce qui arrive ordinairement quand on est distrait.

DE RYONS.

Observation fine !...

DES TARGETTES.

C'est égal, le vin de la comtesse est de premier ordre. Si je m'étais séparé de ma femme, ayant du vin comme celui-là, j'aurais emporté mon vin !

DE RYONS.

Moi, j'aurais gardé ma femme. A propos de femme... (s'interrompant.) Voulez-vous un cigare, monsieur de Montègre ?...

DE MONTÈGRE.

Merci, monsieur !

DE RYONS.

Vous ne fumez jamais ?...

DE MONTÈGRE.

Si, quelquefois, mais pas aujourd'hui.

4

DE RYONS.

A propos de femme, qu'est-ce que vous alliez donc faire, hier matin, à neuf heures, du côté de la rue Bayard et de la rue François-Premier, dans le quartier des braves. Vous couriez comme un cerf chassé qui aperçoit un étang?

DES TARGETTES.

J'avais peur de me refroidir...

DE RYONS.

Parce que ?...

DES TARGETTES.

Parce que je revenais de la gymnastique.

DE RYONS.

Vous faites donc de la gymnastique?

DES TARGETTES.

Tous les deux jours.

DE RYONS.

Depuis quand ?...

DES TARGETTES.

Depuis trois mois.

DE RYONS.

Alors, vous levez des haltères, vous grimpez aux mâts et vous vous pendez à des trapèzes?

DES TARGETTES.

Comme vous le dites.

DE RYONS.

Vous faites ces exercices-là tout seul ?

DES TARGETTES.

Non, avec les autres enfants.

DE RYONS.

Des petits garçons ?

DES TARGETTES.

Et des petites filles aussi.

DE RYONS.

Est-ce que vous avez un maillot ?

DES TARGETTES.

Non.

DE RYONS.

J'irai vous voir travailler.

DES TARGETTES.

Venez !

DE RYONS.

Et pourquoi faites-vous ce métier-là ?

DES TARGETTES.

Mais pour ma santé, mon cher... j'étais tout à fait bas; mon médecin m'a conseillé la gymnastique, je n'ai qu'à m'en louer. Tâtez mon bras.

DE RYONS, après avoir tâté.

C'est merveilleux !

DES TARGETTES.

Et vous avez vu fonctionner mes jambes. Vous me croirez si vous voulez, il y a des jours où j'ai vingt ans.

DE RYONS.

Et les autres jours ?

DES TARGETTES.

De trente à quarante au plus.

DE RYONS.

Et la sciatique ?

DES TARGETTES.

J'en ai eu une... mais elle a disparu; seulement je m'en sers encore quand je suis quelque temps sans venir dans une maison où je venais souvent, chez les Leverdet, par exemple , j'ai ma sciatique!

DE RYONS.

Je comprends alors que, tout en buvant son vin, vous fassiez la cour à la comtesse, car vous avez été très-galant avec elle à table.

DES TARGETTES.

Si elle voulait!... à une femme comme elle, il faudrait un homme comme moi. Je suis très-gentil avec les femmes, moi. Je la trouve charmante, et vous, de Montègre?..

DE MONTÈGRE.

Moi aussi, mais j'espère et je crois que madame de Sime-rose est et restera une honnête femme. C'est ce qu'on peut lui souhaiter de mieux, surtout chez elle.

DES TARGETTES.

On plaisante, puritain, on plaisante; du reste ce n'est pas mon genre de femmes !

DE RYONS.

Nous y voilà. Laissez trois hommes ensemble après le

dîner, vous pouvez être sûr que la conversation va tomber
sur les femmes et que ce sera le plus vieux qui commen-
cera. Eh bien, voyons, comment aimez-vous les femmes?...

DES TARGETTES.

Je les aime brunes, pas trop grandes, un peu grasses, avec
le nez retroussé.

DE RYONS.

Les boulottes?

DES TARGETTES.

Voilà.

DE RYONS.

Avec quoi on faisait les grisettes?

DES TARGETTES.

Justement!

DE RYONS.

Est-ce assez commun!...

DES TARGETTES.

Ne dites pas de mal des grisettes... mon cher. La race en a
disparu; c'est malheureux; elles étaient charmantes et pleines
de cœur. En 1832-33, y en avait-il, mon Dieu!... Vous êtes
trop jeunes vous deux, vous n'avez pas connu ça; mais il y
avait, entre autres, un magasin de lingerie, rue du Mont-
blanc, qui était une pépinière de jolies filles.

DE RYONS.

Chez madame Saint-Armand.

DES TARGETTES.

Comment? vous l'avez connue?...

DE RYONS.

Je connais toutes les femmes passées, présentes et à venir.
Mon oncle, vieux garçon, qui était mon tuteur, me menait
partout avec lui dès l'âge de douze ans, et il aimait beaucoup
ce genre de monde. Songez donc que mon premier amour a
été Ellénore, en 42.

DES TARGETTES.

Est-ce possible !... la veuve des quatre Adolphe ?

DE RYONS.

Je filais du collége pour aller la voir, et je vendais mes dic-
tionnaires à la mère Mansut, rue Saint-Jacques, pour lui

porter des bouquets de violettes; je lui faisais des vers, par
dessus le marché... Elle m'a pris ma montre...

DES TARGETTES.

42? Oui, on prenait déjà les montres. Qu'est-ce qu'elle est
devenue?

DE RYONS.

Elle a découvert mon adresse, et il y a deux ans, un beau
matin...

DES TARGETTES.

Vous appelez cela un beau matin?

DE RYONS.

Elle est venue me voir.

DES TARGETTES.

Pour vous rapporter votre montre?

DE RYONS.

Pour me demander quelques louis. Est-ce assez triste, quand,
à trente-trois ans, on voit déjà revenir du fond de son passé
une créature qu'on a connue belle, élégante, rieuse, maintenant ridée, blanchie, vêtue, Dieu sait comme, vous parlant
de mont-de-piété, de misère et de maladie, et vous deman-
dant, avec un vieux sourire confidentiel, de quoi dîner pendant deux ou trois jours, elle et quelquefois un autre avec
elle. Ah! mauvaise jeunesse! Et vous, quelles ont été vos
premières amours?

DES TARGETTES.

Celles de Louis XIV! une gouvernante... Et vous, de Montègre, avez-vous eu plus de chance que nous?

DE MONTÈGRE.

Moi, messieurs?

DE RYONS.

J'ai idée que oui!

DE MONTÈGRE.

D'où vous vient cette idée très-flatteuse pour moi, monsieur?

DE RYONS.

De ce que vous n'avez pas été élevé comme nous, c'est vi-
sible. Je suis sûr que vous n'avez pas aimé avant vingt ou
vingt et un ans?

DE MONTÈGRE.

Vingt-deux.

DE RYONS.

C'est admirable! Vous devez être né dans un pays de montagnes?

DE MONTÈGRE.

Dans le Jura.

DES TARGETTES.

Mais un peu tard, qu'on ne l'y prendrait plus.

DE RYONS.

C'est très-joli, ça!

DES TARGETTES.

Il faut bien rire... Ah! voilà le café!... Ces dames ne nous oublient pas!

DE RYONS, à de Montègre.

Vous êtes infatigable chasseur?

DE MONTÈGRE.

Comme tous les montagnards.

DE RYONS.

N'avez-vous pas des névralgies?

DE MONTÈGRE.

Atroces.

DE RYONS.

Eh bien, ça doit être joli quand vous êtes amoureux!

DE MONTÈGRE.

Vous croyez?

DE RYONS.

Vous étiez né pour être cuirassier!

DE MONTÈGRE.

Ce qui veut dire?

DE RYONS.

La nature, grande faiseuse d'embarras est beaucoup moins prodigue qu'elle veut le paraître. Elle a donc deux ou trois moules où elle jette les hommes peut-être au hasard, et à quelques nuances près, tous les hommes sortis du même moule se ressemblent!

DE MONTÈGRE.

Alors, moi, monsieur?...

DE RYONS.

Les cheveux abondants, le teint ambré, la voix sonore et métallique, frappant les mots comme des médailles, les yeux bien encaissés sous le sourcil et tenant bien au cerveau, des muscles d'acier, un corps de fer, toujours au service de l'âme, enthousiasmes rapides, découragements immenses, contenus dans une minute et où l'âme se renouvelle tout à coup, voilà les caractères principaux de la race à laquelle vous appartenez.

DE MONTÈGRE.

Et c'est pour cela que j'aurais dû être cuirassier?

DE RYONS.

Oui, les hommes de cette constitution ont besoin de se dépenser dans une carrière de luttes. C'est parmi eux que Dieu choisit les grands capitaines, les grands orateurs, les grands artistes. Quand ils restent dans la vie commune, il leur faut reporter leur trop plein d'activité sur quelque chose, sous peine d'éclater. C'est l'amour alors qui se charge de la besogne, et comme ces hommes n'ont pas été César, Michel-Ange ou Mirabeau, ils sont Othello, Werther ou Desgrieux.

DE MONTÈGRE.

Vous m'effrayez.

DE RYONS.

Sincèrement, quand vous avez été amoureux et que tout n'allait pas à votre gré, n'avez-vous jamais pensé aux moyens extrêmes?

DE MONTÈGRE.

Quelquefois.

DE RYONS.

Le cuirassier qui portait la main à son sabre! Eh bien... croyez-moi, le jour où vous aurez un grand chagrin, ne touchez pas une carte pour vous distraire, ne buvez pas un verre d'eau-de-vie pour vous étourdir, vous deviendriez ivrogne ou joueur. Les hommes comme vous n'ont pas de mesure dans la passion. En attendant, vous n'êtes pas à plaindre : vous serez amoureux jusqu'à quatre-vingts ans, et toujours de la même manière.

DES TARGETTES.

Et toujours de la même femme?...

DE RYONS.

Non, mais chaque fois que M. de Montègre sera amoureux
d'une femme nouvelle, il croira aimer pour la première fois
et en avoir pour toute sa vie. Il aimera toujours les femmes,
et il ne les connaîtra jamais.

DE MONTÈGRE.

Vous êtes un physiologiste, monsieur.

DES TARGETTES.

Vous connaissez donc aussi les hommes, vous ?

DE RYONS.

C'est si facile.

DES TARGETTES.

Qu'est-ce qu'il faut faire pour cela ?

DE RYONS.

Il faut fréquenter beaucoup les femmes. Aussi, M. de Montègre ne doit-il ni admirer ma science, ni se blesser de ma
familiarité. D'abord, nous avons été au collège ensemble.
Vous étiez externe, et je vous vois encore, arrivant un des
premiers, accompagné de votre précepteur...

DE MONTÈGRE.

L'abbé Revel. Je vous demande pardon, monsieur, de ne
vous avoir pas reconnu.

DE RYONS.

S'il fallait reconaître tous ses anciens camarades de collége
on n'en finirait pas, et c'est rarement parmi eux qu'on
choisit ses amis.

DE MONTÈGRE, lui tendant la main.

N'importe! Voulez-vous que nous profitions de l'antécé-
dent.

DE RYONS.

Comme il vous plaira... Et puis, j'ai beaucoup entendu
parler de vous depuis cette époque.

DE MONTÈGRE.

Par qui ?

DE RYONS.

Par une femme.

DES TARGETTES.

Nommez-la, mon cher; de Montègre est tellement sour-
nois, que nous n'avons jamais connu aucun de ses amours.

DE MONTÈGRE.

J'espère que monsieur de Ryons...

DE RYONS.

Je ne nommerai personne... quoiqu'à la rigueur cela ne
compromettrait pas beaucoup cette dame dont le petit nom
était Fanny.

DE MONTÈGRE.

Ah! c'est elle!

DE RYONS.

Quelle ravissante personne!

DE MONTÈGRE.

Quelle coquine!

DE RYONS.

Vous voilà bien dans votre caractère, vous lui en voulez de
vous être trompé sur elle. Toutes les femmes seraient des
coquines à ce compte-là. Dès que nous aimons une femme...
nous voulons qu'elle n'ait jamais regardé personne avant de
nous connaître. C'était à elle de prévoir l'honneur que nous
lui ferions un jour. Nous ne nous disons pas que si elle était
aussi honnête que nous la voulons, elle nous aurait envoyé
promener dès les premiers mots de notre cour. Alors, ce
sont, du matin au soir, les questions les plus saugrenues : à
propos d'un individu qu'elle a salué, d'une lettre qu'elle a
reçue, d'un bijou qu'elle porte, d'une date qu'elle se rappelle, questions auxquelles l'infortunée répond de son mieux.
Enfin, comme elle ne saurait être partout, nous finissons par
savoir quelque chose. Nous voilà bien avancés. Nous avons
cassé notre joujou, nous voyons ce qu'il y avait dedans. Belle
découverte! et nous disons : C'était une coquine! Mais non!
c'était tout simplement une femme, et qui nous aimait peut-
être! Seulement, nous lui demandions la seule chose qu'elle
ne pouvait pas nous dire : La vérité.

DE MONTÈGRE.

Soit! Mais on n'en est pas moins malheureux!...

DE RYONS.

Et c'est justice... Pourquoi demander de la vertu à des
femmes qui ne cherchent que le plaisir ou l'amour tout au
plus. Aussi, le jour où elles ont assez de nous, comme elles
ouvrent tranquillement le tiroir où le remords, l'opinion du

monde, le respect des enfants, tous les grands mots enfin attendent pliés avec du poivre et du camphre, comme des vêtements d'hiver, la saison où il est bon de les remettre!...

DES TARGETTES.

Ah! que c'est vrai, mon cher!...

DE RYONS.

Je croyais que vous dormiez.

DES TARGETTES.

Pas encore.

DE RYONS, à de Montègre.

M'a-t-elle assez parlé de vous!!...

DE MONTÈGRE.

Où donc? Vous ne veniez pas chez elle!...

DE RYONS.

Vous n'y laissiez venir personne ; mais elle venait chez moi !

DE MONTÈGRE.

Où demeuriez-vous ?

DE RYONS.

Rue de la Paix !...

DE MONTÈGRE.

N° 9.

DE RYONS.

Justement.

DE MONTÈGRE.

Je l'y ai conduite bien des fois !

DE RYONS.

Je le sais, et je vous en remercie !...

DE MONTÈGRE.

Elle allait, disait-elle, chez sa couturière.

DE RYONS.

De vingt-cinq à quarante ans, un homme intelligent doit toujours demeurer dans la maison d'une couturière ou d'un dentiste.

DES TARGETTES.

Oh ! quel café, Messieurs !

DE RYONS.

Sans rancune !...

DE MONTÈGRE.

Ah ! elle m'a fait souffrir !... et que de choses j'ai trouvées dans son passé, quand j'y suis enfin descendu !...

DE RYONS.

Le passé des femmes, c'est comme les mines de houille, il ne faut pas y descendre avec une lumière, ou gare l'éboulement ! Ne regrettez rien cependant, vous avez aimé !... qu'importe le flacon, pourvu qu'on ait l'ivresse ! comme a dit le poëte. Maintenant, disposez de ma vieille expérience, le cas échéant ; mes consultations sont gratuites et ma maison est connue pour sa discrétion.

DE MONTÈGRE.

Heureusement, je suis guéri !...

DE RYONS.

Il y a des rechutes !... (A Des Targettes.) Et vous, quand partez-vous ?

DES TARGETTES.

Demain. Vous savez donc ?

DE RYONS.

Qu'il est question d'un mariage pour vous en province.

DES TARGETTES.

Figurez-vous ?... Ah ! voilà ces dames.

SCÈNE II.

LES MÊMES, MADAME DE SIMEROSE, MADEMOISELLE HACKENDORF, M. DE CHANTRIN, LEVERDET, BALBINE.

JANE.

Nous permettez-vous, messieurs, d'entrer chez vous ? puisque, à ce qu'il paraît, c'est à nous de venir vous rejoindre.

DE MONTÈGRE.

Nous nous disposions à aller vous retrouver, madame.

JANE.

Ou plutôt, vous étiez tout aux charmantes choses que devait dire M. de Ryons, et que nous regrettons de n'avoir pas entendues, si toutefois tout le monde pouvait les entendre. Mais nous avons été dédommagées par M. Leverdet, qui nous a fait un cours d'astronomie des plus intéressants. On aurait cru entendre Fontenelle.

DE MONTÈGRE.

Nous avons simplement renouvelé connaissance, M. de Ryons et moi, madame ; nous nous trouvons être d'anciens camarades de collége.

JANE.

C'est une raison, et je m'en contente pour moi, — mais non pour mademoiselle Hackendorf, qui, n'ayant pas trouvé madame Leverdet chez elle, a eu la bonne pensée de venir la trouver chez moi et de rester avec nous. Ce n'est pas la peine d'être la plus belle personne de Paris pour être délaissée de la sorte.

MADEMOISELLE HACKENDORF.

J'accepte le compliment, parce que nous sommes à la campagne.

DE RYONS.

Et qu'il est fait par une femme.

JANE.

Qui pense ce qu'elle dit, monsieur, par le plus grand des hasards.

DES TARGETTES.

Vous n'êtes décidément pas dans les papiers de la bourgeoise.

DE RYONS,

Avec moi, ça commence toujours ainsi.

DE MONTÈGRE, à mademoiselle Hackendorf, après avoir hésité un moment.

Votre santé est bonne, mademoiselle ?...

MADEMOISELLE HACKENDORF.

Très-bonne, monsieur, je vous remercie.

DE MONTÈGRE.

Vous arrivez de voyage !

MADEMOISELLE HACKENDORF.

J'étais à Bade.

DES TARGETTES.

Et vous allez maintenant ?

DE RYONS.

A Ostende.

MADEMOISELLE HACKENDORF.

Et comment le savez-vous, monsieur mon ennemi ?

DE RYONS.

Vous faites la même chose tous les ans. Paris, Florence, Bade et Ostende. C'est réglé comme le passage des cailles.

MADEMOISELLE HACKENDORF.

Allez, ne vous gênez pas. Qu'est-ce que vous avez encore à me dire ?

DE RYONS.

Que je suis toujours heureux quand je vous vois.

MADEMOISELLE HACKENDORF.

Parce que ?

DE RYONS.

Parce que j'aime tout ce qui est beau, et que vous êtes une des merveilles de la création.

MADEMOISELLE HACKENDORF.

Merci, mon bon monsieur, combien faut-il vous rendre ?...

DE RYONS.

Vous savez bien que vous êtes jolie ; et vous en êtes bien contente.

MADEMOISELLE HACKENDORF.

Oui ! mais quel malheur, n'est-ce pas, que je sois si bête ?...

DE RYONS.

Vous n'êtes pas bête du tout ! C'est même extraordinaire, étant jolie comme vous l'êtes, que vous ne soyez pas insupportable ; vous l'avez été.

MADEMOISELLE HACKENDORF.

Ah !

DE RYONS.

Mais maintenant vous êtes charmante, je vous étudie depuis quelque temps, et je suis très-content de vous.

MADEMOISELLE HACKENDORF.

Allons, tout va bien.

DE RYONS.

Et monsieur votre père, le verrons-nous ce soir ?

DES TARGETTES.

Il est magnifique ! Il a l'air d'être chez lui.

JANE.

Un peu trop.

MADEMOISELLE HACKENDORF.

Il m'a promis de venir me chercher, mais ce n'est pas
certain, il m'oublie facilement quand il est chez le baron.

JANE.

Chez quel baron ?...

MADEMOISELLE HACKENDORF.

Est-ce qu'il y en a deux ?

LEVERDET.

S'il ne vient pas, je vous reconduirai.

MADEMOISELLE HACKENDORF.

A quoi bon vous déranger ? Je suis tout habillée pour aller
le retrouver là. Il m'enverra toujours ma voiture, et ce n'est
pas loin d'ici.

JANE.

N'importe, je ne veux pas que vous vous en alliez seule.

MADEMOISELLE HACKENDORF.

J'en ai tellement l'habitude.

DE CHANTRIN.

Et cette habitude étonne tout Paris, vous le savez, mademoiselle.

MADEMOISELLE HACKENDORF.

Ce qui prouve, une fois de plus, qu'il faut bien peu de
chose pour étonner la ville qui se dit la plus intelligente du
monde.

DE CHANTRIN.

Ce n'est pas dans nos mœurs. Et nos jeunes filles françaises...

MADEMOISELLE HACKENDORF.

Vos jeunes filles françaises ont probablement, quand elles
sortent, des diamants plein leur poche, et elles tremblent
d'être dévalisées à tous les coins de rue. Aussi, on ne les
quitte pas d'un instant : père à droite, mère à gauche, frère
devant, oncle derrière, gouvernantes tout autour. Dans notre
simple Allemagne, on ne se donne pas tant de peine, on nous
confie à nous-mêmes, et je ne changerai pas nos bonnes
habitudes pour les Parisiens ; je suis trop vieille maintenant.

DE CHANTRIN.

Trop vieille est adorable... Après tout, les Anglaises aussi...

DE RYONS, l'interrompant.

Vous êtes dans le vrai. Vous êtes belle, vous êtes millionnaire, tout vous est permis.

JANE.

Vous vous êtes dévoué pour nous tout à l'heure en nous
tenant compagnie, Monsieur de Chantrin, nous vous rendons
votre liberté. Si vous voulez fumer votre cigare, le jardin
est à vous.

DE·CHANTRIN.

Vous êtes mille fois trop bonne, madame, je ne fume
jamais.

JANE.

Comment avez-vous pu échapper à la contagion du cigare ?

DE CHANTRIN.

Mon Dieu! madame, je ne me ferai pas plus fort que je ne
suis. J'ai fumé, j'ai fumé; mais vous l'avouerai-je? je n'ai
pas trouvé la chose aussi agréable qu'on me l'avait dit. Puis,
ma mère, qui était essentiellement femme du monde, et
comme telle, vous le comprenez mieux que personne, mesdames, avait le parfum du cigare en horreur—si c'est là
un parfum — m'avait positivement interdit d'entrer chez elle
après avoir fumé, car j'avais un désavantage que beaucoup
d'hommes n'ont pas; en effet, portant toute ma barbe, je ne
pouvais plus me défaire de cette vilaine odeur de tabac, et
malgré tous les soins possibles, après avoir fumé de simples
cigarettes, vous savez, mesdames, de ces petits papyros que
les dames elles-mêmes fument accidentellement et qui sont
plus un plaisir des yeux et un amusement des lèvres qu'une
jouissance du goût; eh bien! une simple cigarette me faisait
dire par ma mère, lorsque je venais prendre congé d'elle le
soir, comme c'était l'habitude dans notre famille, et, du reste,
dans toutes les vieilles familles où la tradition du respect
filial s'est conservée, et il y en a encore beaucoup, heureusement— quoi qu'on en dise — me faisait dire par ma mère :
Théogène, avouez que vous avez encore fumé, malgré ma dé-
fense. Je l'avouais, et elle me pardonnait, car elle était
bonne; mais je voyais bien que je lui faisais de la peine, et
ma mère était tout pour moi; j'ai donc fini par renoncer, je
ne dirai pas à une habitude, car ce n'en était pas arrivé là;

mais à une distraction qui renfermait tant d'inconvénients, et je n'ai eu qu'à m'en louer, pour ma santé d'abord, et pour mes rapports sociaux ensuite, car je préfère, je l'avoue, la causerie intime avec des femmes d'esprit et de goût, comme celle que nous avons eue tout à l'heure, à tous les autres plaisirs ; aussi, à cause de cela, mes amis se moquent-ils de moi.

LEVERDET, à Balbine qui écoute encore, la bouche ouverte.

Ferme la bouche, c'est fini.

JANE.

C'est à cause de cela que vos amis se moquent de vous !...

DE CHANTRIN.

Oui, madame.

JANE.

Ils ont tort, et vous seriez resté à fumer avec ces messieurs, que je ne vous en aurais pas voulu.

DE RYONS.

Il a parlé trois minutes, on aurait eu le temps d'aller à Asnières.

LEVERDET.

Et dire qu'il a suivi mon cours !... Le père de ce garçon-là était cependant un homme de beaucoup d'esprit. Les fils tiennent des mères. Il tient de son excellente mère, qui étai t si essentiellement femme du monde !... Mais n'en disons pa trop de mal devant mademoiselle Hackendorf.

DE RYONS.

C'est le fiancé actuel.

LEVERDET.

Il paraît.

MADEMOISELLE HACKENDORF.

Nous ferons bien sur une cheminée tous les deux, en pendants, n'est-ce pas ?

LEVERDET.

Balbine !

BALBINE.

Papa.

LEVERDET.

A quoi penses-tu ?

BALBINE.

A rien, papa.

LEVERDET.

Eh bien, prends une tapisserie ou mets-toi au piano, occupe-toi enfin et ne reste pas plantée comme un héron. Tu sais que j'ai horreur de l'inaction, j'aime mieux les gens qui font mal que les gens qui ne font rien.

JANE.

Chante-t-elle toujours?

LEVERDET.

Toujours.

JANE.

Alors elle nous chantera son grand morceau ce soir.

DE CHANTRIN.

Ah! vous chantez, mademoiselle. Oh! la musique...

LEVERDET.

Le voilà qui chauffe pour un nouveau départ.

JANE, à Leverdet.

Voici votre partenaire. (Des Targettes entre.) Et vous avez là tout ce qu'il vous faut!...

LEVERDET, à Des Targettes.

Eh bien! et ce bezigue?

DES TARGETTES.

Toujours le bezigue! Je commence à en avoir assez!...

LEVERDET.

Qu'est-ce que vous voulez de mieux à notre âge

DES TARGETTES.

J'étais en train de faire la cour aux femmes!...

LEVERDET.

C'est très-mauvais pendant la digestion. Allons, asseyez-vous là; vous aurez le temps après le thé.

DES TARGETTES.

Mais pourquoi donc madame Leverdet est-elle partie de si bonne heure?

LEVERDET.

Elle avait à causer ce soir avec M. de Simerose.

JANE, à mademoiselle Hackendorf.

Et alors M. de Montègre?

5

MADEMOISELLE HACKENDORF.

Eh bien, M. de Montègre a cru un moment être amoureux
de moi, il m'a fait une espèce de cour, et un beau jour il a
disparu et je n'ai plus entendu parler de lui. C'est pour cela
qu'il était si embarrassé tout à l'heure en me revoyant ; il se
figure peut-être que je lui en veux. Il se trompe ; il est plein
de qualités, mais il a pour moi le défaut le plus horrible, il
ne me plaît pas !

JANE.

Qui est-ce qui vous plaît ?

MADEMOISELLE HACKENDORF.

Personne. Aussi, j'ai résolu de ne pas me marier. Je ne
serai jamais plus heureuse que je ne suis. Mon père et moi,
nous faisons tout ce que je veux. L'état d'homme est certainement le plus agréable. Une fille riche qui ne se marierait pas,
finirait par devenir un homme. J'ai grande envie d'essayer.
Ce serait d'un bon exemple !

JANE.

Et M. de Ryons ?...

MADEMOISELLE HACKENDORF.

M. de Ryons ?

DE RYONS, qui a entendu.

Vous me faites l'honneur de me parler, mademoiselle ?

MADEMOISELLE HACKENDORF.

Non, nous ne vous parlons pas, nous parlons de vous.

DE RYONS.

Alors je me retire.

MADEMOISELLE HACKENDORF.

C'est inutile. On ne dit que des choses à votre éloge, car
j'allais répondre à madame qui me questionnait à ce sujet
que vous êtes le seul de tous les gens à marier que je connais
qui ne m'ait jamais demandée en mariage.

DE RYONS.

Pour me faire mettre dans le salon des refusés, merci. Je
sais que votre père ne veut pour gendre qu'un prince.

MADEMOISELLE HACKENDORF.

Ambition de père millionnaire qui rêve toujours un trône
pour sa fille, surtout en Allemagne où il y a tant de fauteuils
qui ressemblent à des trônes. Il s'en est présenté, des princes,

ils ont tous emprunté, l'un dans l'autre, une vingtaine de mille francs, et on n'a plus entendu parler d'eux.

DE RYONS.

C'est pour rien. Alors, la petite noblesse est admise.

MADEMOISELLE HACKENDORF.

Parfaitement.

DE RYONS.

Si j'avais su cela !

MADEMOISELLE HACKENDORF.

Qu'est-ce que vous auriez fait ?

DE RYONS.

Je vous aurais demandée.

MADEMOISELLE HAKENDORF.

Il est encore temps.

DE RYONS.

Vrai ?

MADEMOISELLE HACKENDORF.

Oui.

DE RYONS.

Vous ne partez que dans huit jours ?

MADEMOISELLE HACKENDORF.

Samedi.

DE RYONS.

A quelle heure fait-on les demandes ?

MADEMOISELLE HACKENDORF.

De deux à quatre heures.

DE RYONS.

Tous les jours ?

MADEMOISELLE HACKENDORF.

Tous les jours, excepté le dimanche et les jours de fête.

DE RYONS.

Par où entre-t-on ?

MADEMOISELLE HACKENDORF.

Par la caisse.

DE RYONS.

Demain, de deux à quatre, je mets une cravate blanche et je vais demander votre main à votre père.

MADEMOISELLE HACKENDORF.

Ne l'oubliez pas.

DE RYONS.

Soyez tranquille. (S'éloignant en disant tout bas à mademoiselle Hackendorf.) Je m'éloigne, la comtesse me trouve insupportable.

MADEMOISELLE HACKENDORF.

Monsieur de Ryons prétend qu'il vous déplaît.

JANE.

Souverainement. J'ai horreur de ce genre d'esprit, si c'est là de l'esprit.

MADEMOISELLE HACKENDORF.

C'est si bon de rire.

DE MONTÈGRE, s'approchant de madame de Simerose.

Vous ai-je dit, madame, que j'ai une commission de ma sœur pour vous ? (Mademoiselle Hackendorf va rejoindre le groupe de Balbine.)

JANE.

Quelle commission ?

DE MONTÈGRE, bas.

Aucune : Mais il faut bien que j'emploie ce moyen pour vous parler un instant, à vous seule ; ne m'avez-vous pas promis un entretien ce soir ?

JANE, bas.

Dites que vous l'avez exigé.

DE MONTÈGRE.

Ai-je le droit d'exiger quelque chose de vous ?...

JANE.

Quand on écrit aux gens ce que vous m'avez écrit...

DE MONTÈGRE.

Vous étiez libre de ne pas me répondre plus cette fois que les autres !...

JANE.

Et vous auriez exécuté votre menace ?

DE MONTÈGRE, fermement.

Oui.

JANE, émue.

Vous vous seriez tué ?...

DE MONTÈGRE, haussant le ton malgré lui.

Ce soir !

JANE.

Vous plaisantez?

DE MONTÈGRE, même jeu.

Vous savez bien que non, puisque vous êtes revenue.

JANE.

Parlez moins haut, et ayez l'air de parler de choses indiffé-rentes. Enfin, que voulez-vous ?

DE MONTÈGRE, bas.

Je veux vous voir !

JANE.

Vous me voyez!

DE MONTÈGRE.

Je veux vous voir seule.

JANE, hésitant.

Venez demain.

DE MONTÈGRE.

Ce soir !

JANE.

Comment?

DE MONTÈGRE.

Si je trouve un moyen ?

JANE.

Voyons ?

DE MONTÈGRE.

Je ferai semblant de m'en aller avec tout le monde, et je reviendrai ensuite.

JANE.

La grille du jardin sera fermée.

DE MONTÈGRE.

Je passerai par dessus le mur!

JANE.

Il ne manquerait plus que ça ! cependant...

DE MONTÈGRE.

Cependant...

JANE.

Moi aussi, j'ai à vous parler. Eh bien !

DE MONTÈGRE.

Eh bien ?

JANE.

Votre ami M. de Ryons nous regarde. Éloignez-vous, et re-venez causer avec moi quand je serai sur le canapé là-bas !...

(Elle se lève et s'approche du groupe de Chantrin et Balbine qui regardent
dans un stéréoscope.)

CHANTRIN, expliquant à Balbine pendant qu'elle regarde.

Là est Portici, Castellamare et Sorrente, ici le Vésuve qui
fume toujours.

DES TARGETTES, à Leverdet.

Il n'aura pas été élevé par sa mère.

BALBINE.

Est-ce que vous avez vu une irruption ?

LEVERDET, tout en jouant.

Éruption !

BALBINE.

Papa !

LEVERDET.

On dit : Éruption.

BALBINE.

Oui, papa.

LEVERDET.

Et ne dis pas toujours : Oui, papa ! C'est insupportable !
80 de rois.

DE CHANTRIN.

Non, mais il y en a eu une quelques jours après mon départ ! Ici Naples et le Pausilippe où Virgile est enterré.

DE RYONS.

Ce n'est pas certain !

DE CHANTRIN.

Non, mais il y a toujours un tombeau; pour les étrangers
cela revient au même. Voici Pouzoles, Baïa, le Cap Mizène !

BALBINE.

Que ce doit être beau !...

DE CHANTRIN.

Mais il ne faut pas y être seul. Il faut y être avec une personne qu'on aime. J'y étais moi-même avec ma mère, à qui
l'on avait ordonné le ciel de l'Italie. Que de souvenirs doux et
tristes j'y retrouverais !.. (A Balbine.) Vous êtes bien heureuse,
mademoiselle, d'avoir encore votre mère.

LEVERDET.

Et son père aussi. 250 !

MADEMOISELLE HACKENDORF.

M. de Chantrin ?...

DE CHANTRIN.

Mademoiselle.

MADEMOISELLE HACKENDORF.

Voyez donc si ma voiture est là ?...

BALBINE, à des Targettes.

Comme elle est jolie, mademoiselle Hackendorf !

DES TARGETTES.

Toi aussi, tu es jolie, excepté le nez ; mais ça se fera.

BALBINE.

Pourquoi envoie-t-elle M. de Chantrin chercher sa voiture ? ce n'est pas son parent ?...

DES TARGETTES.

Mais il veut être son mari !

BALBINE.

Ah !

LEVERDET, à de Ryons.

Qu'est-ce que vous avez à vous frotter les mains ?

DE RYONS.

Si vous surpreniez tout-à-coup le secret du charbon de terre, seriez-vous content ?

LEVERDET.

Oui.

DE RYONS.

Eh bien ! moi aussi, je cherchais quelque chose, et je crois que j'ai trouvé ce que je cherchais !...

DES TARGETTES, à Leverdet.

Fournissez donc à trèfle... ou coupez...

LEVERDET.

C'est ce bavard-là qui me fait tromper. Allez-vous-en causer avec les femmes, vous n'êtes bon qu'à ça !

DE RYONS, à mademoiselle Hackendorf sans perdre des yeux Jane qui s'est levée, qui a été un instant au piano, à la table de jeu, et qui est arrivée tout doucement au canapé.

On m'envoie causer avec vous, mademoiselle ! (Jane sonne. — De Montègre s'approchant de Jane qui s'est assise.)

JANE.

Eh bien ! voici ce que vous allez faire !... (Au domestique.) Le thé !

LE DOMESTIQUE.

Ici, madame ?

JANE.

Dans la serre. (A de Montègre.) Vous allez prendre congé de
moi. Au lieu de vous en aller, vous entrerez par l'anticham-
bre, si personne ne vous voit, dans le boudoir qui est là derrière nous, vous refermerez à clef l'autre porte, et vous grat-
terez tout doucement à celle-ci, pour me faire savoir que
vous êtes en sûreté. Je ne quitterai pas la place où nous
sommes. Quand je serai seule, je vous ouvrirai pour cinq
minutes seulement... Maintenant, quittez-moi. (Haut.) Eh
bien ! si vous écrivez à votre sœur, dites-lui que je lui en
veux beaucoup de ne m'avoir pas encore répondu.

DE MONTÉGRE.

Elle a été très-souffrante !

DE CHANTRIN, à mademoiselle Hackendorf qui est arrivée dans le groupe
de Jane et de De Montègre.

Mademoiselle, votre voiture vient d'arriver.

DE MONTÉGRE, haut.

Adieu, madame !...

JANE, haut.

Au revoir, monsieur.

DE RYONS, à Jane.

Adieu, madame !

JANE.

Vous partez, monsieur ?

DE RYONS.

Oui, madame, je vais faire route avec M. de Montègre, puisqu'il s'en va. Deux anciens camarades qui se retrouvent ont
tant de choses à se dire.

JANE, embarrassée.

Alors c'est une désertion !...

DE RYONS.

Me feriez-vous l'honneur de me retenir, madame ?

JANE.

Certainement! Devant qui mademoiselle Leverdet chantera-
t-elle sa romance, si tout le monde s'en va ? Un homme
comme vous est un juge précieux pour elle ; et puis, j'ai à causer

avec vous, monsieur, et très-sérieusement. (Au domestique.)
Attendez !

DE RYONS.

Je suis à vos ordres, madame ! (A de Montègre.) Alors, cher
monsieur, à une autre fois. Vous savez où je demeure ; vous
êtes venu dans ma maison, nous nous reverrons, je l'espère.

DE MONTÈGRE.

Et moi, je le désire. Il salue et sort.

SCÈNE III.

LES MÊMES, moins DE MONTÈGRE.

JANE (à mademoiselle Hackendorf.)

Et vous, chère belle, comme je ne veux pas que vous nous
abandonniez, je vous confie le thé !

DE CHANTRIN.

Voulez-vous que je vous aide, mademoiselle ?...

MADEMOISELLE HACKENDORF.

Si vous voulez, monsieur.

JANE, au domestique.

Qu'est-ce que vous attendez là ?

LE DOMESTIQUE.

Madame la comtesse m'a dit d'attendre !...

JANE.

Je ne sais plus ce que je voulais vous dire... Allez !... (A de
Ryons.) Eh bien, monsieur, vous alliez partir sans me donner
l'explication que vous me devez? car vous m'en devez une !

DE RYONS.

Sur quoi, madame ?...

JANE.

Mais sur cette phrase d'anglais que vous m'avez fait prononcer tantôt, après laquelle vous deviez m'apprendre des
choses extraordinaires que vous ne m'avez pas apprises.

DE RYONS.

C'est vrai, madame.

JANE.

Je vous écoute.

DE RYONS.

Eh bien, madame, puisque vous le voulez, il y a un secret
entre nous.

JANE.

Entre vous et moi, monsieur?

DE RYONS.

Oui, madame.

JANE.

Quel secret?

DE RYONS.

Un secret charmant.

JANE.

Voyons ce secret?

DE RYONS.

Permettez-moi d'abord de vous dire, madame, que ce secret vous assure en moi un ami des plus dévoués. Le plus
dévoué probablement!

JANE.

Vous engagez vite votre amitié!

DE RYONS.

La maison est bonne.

JANE.

Malheureusement on ne peut pas se confier à un homme
qu'on ne connaît pas et qui fait gloire de mépriser les femmes...

DE RYONS.

Celles qui sont méprisables... c'est bien assez!...

JANE.

Et alors moi?...

DE RYONS.

Vous, madame, vous savez bien que vous n'avez rien de
commun avec la masse des femmes. Vous êtes une nature
exceptionnelle, et voilà pourquoi, en dehors même de notre
secret, j'ai tant de sympathie et d'amitié pour vous.

JANE.

Nous y revenons.

DE RYONS.

Et ce n'est pas le moment.

JANE.

Pourquoi ?

DE RYONS.

Parce que vous écoutez à peine ce que je vous dis... vous
pensez à autre chose. Vous êtes toute distraite, et parquoi ?..
O femmes !.. vous serez toujours les mêmes... on vous parle
de dévouement et d'amitié... une souris se met à grignotter
le parquet, vous n'écoutez plus que la souris.

JANE.

Il n'y a pas de souris chez moi, monsieur, je vous prie de le
croire.

DE RYONS.

C'est peut-être un rat, alors... comme dans *Hamlet*, car on
gratte à cette porte... Écoutez, madame. (On entend gratter à la
porte derrière Jane.)

JANE.

C'est vrai, mon petit chien sans doute qui me reconnaît et
voudrait entrer... un ami véritable celui-là.

DE RYONS, se levant.

Voulez-vous que je lui ouvre ?.. A tout seigneur tout honneur... vous me présenterez à lui.

JANE.

Non pas... Je ne suis pas encore assez sûre de votre amitié... Prouvez-la moi d'abord.

DE RYONS.

Ordonnez, madame.

JANE.

Sérieusement... feriez-vous tout ce que je vous deman-
derais ?..

DE RYONS.

Et même, pour vous être utile, tout ce que vous ne me de-
manderiez pas.

JANE.

Et à l'instant même ?

DE RYONS.

A l'instant même.

JANE.

Eh bien ! passez-moi cette assiette de petits gâteaux, je
meurs de faim.

DE RYONS, apportant l'assiette.

Et après ?

JANE, qui a donné un coup d'éventail sur la porte.

Après ?.. rien. Voilà tout ce qu'on peut demander, je crois, à l'amitié d'un homme et surtout à la vôtre.

DE RYONS.

. Vous me déclarez la guerre, madame, c'est imprudent.

JANE.

J'en cours les chances.

DE RYONS.

Il y a un an au mois de juin, je partis tout à coup pour Strasbourg.

JANE.

C'est le secret ?

DE RYONS.

Oui, madame.

JANE.

Enfin !

DE RYONS.

J'avais choisi le train de huit heures du soir. J'étais seul dans mon compartiment, et l'on allait se mettre en route, lorsqu'une dame très-simple et très-élégante à la fois, y monta précipitamment et se jeta dans le premier coin à droite en baissant d'une main le petit rideau bleu de la portière et en ramenant de l'autre en deux ou trois plis son voile sur son visage... Précaution inutile, car ce voile était en grenadine blanche, semblable à de la poussière de marbre tissue... transparent pour celle qui le porte, impénétrable pour celui qui regarde. Cette dame était visiblement agitée, sa main jouait fièvreusement avec la brassière de la voiture, et ses petits pieds impatients enlacés l'un à l'autre se penchaient en avant, en arrière, avec des mouvements de personnes naturelles. Ils avaient l'air de se raconter tout bas ce qui se passait dans la maison. C'est si bavard, un pied de femme... si indiscret, même. Faute de mieux, je me promettais d'écouter ce qu'ils diraient. On partit.

JANE, avec indifférence.

C'est déjà très-intéressant.

DE RYONS.

Vous ne savez pas, madame, ce qui passe par l'esprit d'un
homme de mon âge, qui se trouve seul dans un wagon avec
une jeune et jolie femme. Je vais vous le dire : il commence
par se faire à lui-même toutes sortes de questions. D'où vient
cette femme? Où va-t-elle? Est-elle mariée, veuve ou libre?
A-t-elle aimé? Aime-t-elle? Oui, quelle est la femme voya-
geant seule, qui n'aime pas ou n'a pas aimé? Ainsi, il y a de
par le monde un homme pour qui ces yeux brillent, pour
qui ces mains tremblent, pour qui ce cœur bat; qu'a-t-il donc
de supérieur aux autres hommes? Rien! il est aimé. Voilà
tout. Pourquoi n'est-ce pas moi?... C'est injuste, mais rien
ne m'empêche d'essayer d'être Lui... Et nous voilà amoureux... oui, madame, amoureux. Ne riez pas, l'amour est
une électricité, et l'électricité, demandez-le à M. Leverdet, fait
190,000 lieues par seconde, vingt-deux fois le tour de la
terre, et puis faut-il avoir épuisé toutes les hésitations, toutes
les joies, toutes les satiétés de l'amour pour dire que l'on a
aimé? L'amour est aussi complet et plus charmant dans sa
partie que dans son tout, et il peut être contenu tout entier
dans une heure de temps comme toutes les qualités d'un bon
vin dans un seul verre. L'homme est bête, il ne faut pas se le
dissimuler; il veut absolument, lui dont l'existence est
limitée entre hier et demain, que ses sensations soient éternelles. Il en est une, la plus douce, mais la plus involontaire
et la plus fugitive, qu'on appelle l'amour, qui a une voix et
des ailes comme l'oiseau. Dès qu'il la tient, il l'enferme dans
une cage, et il lui dit : Tu ne chanteras plus que pour moi et
tu ne voleras pas plus haut que ma main. Egoïste! ou l'oiseau
meurt, faute de liberté, et l'homme s'écrie : pourquoi est-il
mort, sa cage était dorée? ou l'oiseau chante de son mieux et
l'homme s'éloigne en disant : c'est toujours le même air, il
m'ennuie. Mais oui, c'est toujours le même air, voilà pourquoi il ne faut pas toujours entendre la même voix. Là où
cet oiseau chante, arrête-toi, écoute-le un instant et poursuis
ton chemin. Ne tends ni glu ni filet pour le prendre. Il y en
a d'autres tout le long de la route et ce sera le dernier qui
chantera le mieux. Telles sont mes théories, madame, et je
cherchais le moyen de les faire connaître à ma compagne de

voyage, lorsque je vis que la brise avait entamé une lutte
avec le fameux voile blanc, et l'attaquant par-dessous, le soule-
vait de manière à me montrer un menton velouté, une bouche
rose assez entr'ouverte pour laisser la vie entrer et sortir à
son aise, et au milieu de tout cela, deux larmes, deux vraies
larmes qui descendaient chacune de son côté, lentement,
hésitantes, étonnées, comme des larmes toutes neuves, qui
ne savent quel chemin prendre sur des joues de vingt ans.

JANE.

Cette dame avait vingt ans ?

DE RYONS.

Les vingt ans de Célimène, et elle pleurait... Quelle entrée
de jeu !... Il y avait là un roman, l'éternel roman de l'amour
malheureux. J'ouvris mon portefeuille qui est un portefeuille
fait exprès pour moi, contenant tout ce dont une femme peut
avoir besoin en voyage, depuis les épingles, le miroir et le
petit peigne, jusqu'au fil, aux aiguilles et aux boutons de
gants. Le hasard ne peut pas tout faire, il faut bien l'aider un
peu. Je tirai un flacon de sels, et sans dire un mot, je le
tendis à ma compagne. A ce geste, elle me regarda un instant, puis prenant le flacon, elle me dit : Thank you, sir.

JANE, plus attentive.

Cette dame était Anglaise ?...

DE RYONS.

Non, madame ; mais il faut tout prévoir, et elle aimait
mieux mettre les événements au compte de l'Angleterre. Ces
choses-là se font entre pays amis. Non, c'était une Française
avec toutes ses finesses, tous ses sous-entendus, toutes ses
audaces. Quand elle vit que je parlais l'anglais, elle ne put
s'empêcher de sourire, et je ne sais quelle idée rapide, fan-
tasque, quelle idée *femme* traversa son esprit, mais j'en vis
distinctement le reflet sur son voile, comme on voit sur l'eau
le reflet d'une fenêtre qui s'ouvre en plein soleil. Je me hâtai
de faire part à ma compagne de mes suppositions et de mes
sollicitudes, et peu à peu j'appris la vérité. J'avais devant
moi une Hermione irritée contre le Pyrrhus traditionnel qui,
à cette heure même, l'oubliait auprès d'une Andromaque de
circonstance. Pour que la tragédie fût complète, il n'y man-
quait qu'un Oreste. Je savais le rôle, je sais tous les rôles de

confident, avec quelques variantes, selon le besoin de la
scène, car les mœurs ont changé depuis la prise de Troie, et
à quoi bon le meurtre et l'assassinat? Ne sera-t-elle pas assez
et mieux vengée, celle qui en se retrouvant avec l'infidèle,
qui se croit sûr du secret et de l'impunité, pourra se dire :
« Ah! tu as aimé une autre femme que moi! A outrage secret,
vengeance secrète; et j'ai dit, moi, à un autre homme que je
l'aimais... Je ne le pensais peut-être pas, mais c'était bien le
moins, pendant que tu me dérobais une portion de mon
bonheur, que je donnasse dans l'ombre une parcelle du tien.
Nous sommes quittes, mon adoré. » Voilà comment on punit
un infidèle et voilà comment Pyrrhus fut puni. Deux larmes,
un sourire, un mot d'amour dérobé comme un fruit par-
dessus un mur, dans le jardin d'un absent... un serrement
de main, un voile levé pendant une minute, telle est toute
cette histoire, et là est le secret de mon indifférence appa-
rente. Depuis un an, moi, l'homme fort, je suis silencieuse-
ment amoureux d'une inconnue. Aussi, jugez de ma sur-
prise et de ma joie, madame, quand je vous vis apparaître
ce matin. Ce visage que je n'ai fait qu'entrevoir, mais dont
les traits sont ineffaçablement gravés dans mon esprit, c'est
le vôtre. Ressemblance étrange, n'est-ce pas?... Je me suis cru
un instant le jouet d'une hallucination et je vous ai priée de
dire quelques mots d'anglais, pour savoir si la voix était aussi
ressemblante que la figure... même voix. Vous expliquez-vous
maintenant, madame, mon amitié subite pour vous? N'est-il
pas tout naturel que jusqu'à ce que j'aie rencontré celle que
je cherche, je me dévoue à son image comme à elle-même;
et faut-il ajouter qu'il y a des moments où mon cœur se con-
tenterait volontiers du témoignage de mes yeux et où je ne
pourrais m'empêcher de tomber à vos pieds et de vous dire
que je vous aime, depuis un an, si je n'avais fait à l'autre le
serment de ne pas la reconnaître sans sa permission?

JANE.

C'est tout, monsieur ?

DE RYONS.

C'est tout !

JANE.

C'est très-curieux en effet... Balbine.

BALBINE.

Madame...

JANE.

Dites-nous, je vous prie, la romance que vous nous avez
promise... Voici monsieur qui est très-désireux de l'entendre,
et qui est très-pressé de se retirer.

DES TARGETTES, à de Ryons.

J'espère que nous avons été aimables, nous ne vous avons
pas dérangés...

MADEMOISELLE HACKENDORF, à Jane.

Eh bien, êtes-vous un peu revenue sur le compte de
M. de Ryons...

JANE.

Beaucoup !... (Pendant ce temps, Balbine commence à chanter, mais en
tremblant :)

BALBINE, une romance à la main.

On dit que l'on te marie,
Tu sais que j'en vais mourir.
Ton amour, c'est ma folie.
Hélas je n'en puis guérir !
Qui voudrait...

(Parlé.) Ah ! ah ! ah !

LEVERDET.

Eh bien !... qu'est-ce qu'il y a. Elle ne va pas, ta musique !

DE CHANTRIN.

Elle se trouve mal...

JANE, courant à elle.

Ah ! mon Dieu ! qu'avez-vous, chère enfant !...

BALBINE.

Ah ! ah ! ah !

DES TARGETTES.

Elle a trop mangé...

MADEMOISELLE HACKENDORF.

C'est une crise nerveuse... J'en ai eu, je sais ce que c'est !...
Il faut la délacer !...

BALBINE.

Ah ! ah ! ah !...

LEVERDET, l'imitant.

Ah ! ah ! ah ! tu fais une jolie figure !

BALBINE.

Maman! maman!

LEVERDET.

Eh bien, tu peux te vanter d'être insupportable! Avez-vous un peu d'eau de mélisse ou de l'éther?... (A mademoiselle Hackendorf.) Voyez donc dans le boudoir de la comtesse... il y a toujours un assortiment de flacons. (Mademoiselle Hackendorf court vers la porte derrière laquelle est caché de Montègre. — Jane, en la voyant se diriger de ce côté, fait un mouvement d'effroi; de Ryons, qui a vu le mouvement, se jette entre la porte et mademoiselle Hackendorf, et lui remet un flacon qu'il prend dans son portefeuille.)

DE RYONS.

Voici un flacon qui sufûra... il guérit tout! (Jane le regarde, il prend un air naïf et s'appuyant sur le dossier du canapé.) Eh bien, quelles nouvelles?

LEVERDET.

Elle pleure... ce ne sera rien. (à Jane.) Je vous demande pardon...

JANE.

C'est moi qui suis désolée de ce qui arrive à cette enfant! La chaleur, sans doute....

BALBINE, se jetant dans les bras de son père.

Papa!...

LEVERDET.

Oh! oui... papa... Tu es une belle fille!...

BALBINE.

Il ne faut pas le dire à maman...

LEVERDET.

Allons, rarange-toi et débarrassons la comtesse...

DE RYONS, avec intention.

Mais cette enfant a la fièvre, et l'air du soir peut lui faire du mal.

LEVERDET.

Il faut pourtant que nous nous en allions...

JANE, en regardant de Ryons.

Pourquoi? Elle peut bien rester ici... j'aurai grand soin d'elle...

BALBINE.

Oui, je veux rester ici.

JANE.

Eh bien, mon enfant... on va vous faire votre chambre à

6

côté de la mienne; mademoiselle Hackendorf va vous y ac-
compagner... moi, je vais donner des ordres.

LEVERDET.

Que vous êtes bonne... Sa mère viendra la prendre demain.

JANE.

Ou je vous la reconduirai, puisque je dîne chez vous. (Leverdet, Balbine, mademoiselle Hackendorf, sortent par la gauche.)

DE CHANTRIN, saluant.

Madame...

JANE.

Monsieur... (De Chantrin sort.)

DES TARGETTES.

Au revoir, comtesse... Vous me permettrez de venir savoir
des nouvelles de ma filleule...

JANE.

Ma maison est à vous. (Elle lui donne la main. — A de Ryons, qui
est resté en scène après avoir avoir vu tout le monde s'éloigner.) Adieu,
monsieur...

DE RYONS.

Pas encore...

JANE.

Que voulez-vous donc ?

DE RYONS.

Je veux vous empêcher de faire une imprudence, aujour-
d'hui du moins. La maison est pleine de monde, vous ne
pouvez ouvrir cette porte à la personne qui est dans cette
chambre sans risquer de vous compromettre... Laissez-moi
la congédier à votre place... Je vous promets que personne ne
la verra, pas même moi...

JANE, très-agitée.

Vous abusez étrangement de la situation...

DE RYONS.

Pour votre bien, madame.

JANE.

Faites donc, monsieur...

DE RYONS.

Il n'y a rien à dire ?

JANE, qui écrit.

Il y a ce mot à remettre.

DE RYONS.

Merci.

JANE.

Je vous déteste, monsieur...

DE RYONS.

Ça passera... (Elle sort. — De Ryons seul, et se dirigeant vers la porte.) C'est décidément une vraie femme, et me voilà en plein dans mon rôle d'ami.

ACTE TROISIÈME

Chez la Comtesse.

—

SCÈNE PREMIÈRE.

DE MONTÈGRE, JOSEPH.

DE MONTÈGRE.

Mademoiselle Leverdet va mieux?

JOSEPH.

Oui, monsieur, mademoiselle a dormi, et dans ce moment elle fait une promenade en voiture avec madame la comtesse.

DE MONTÈGRE.

On peut attendre ici?

JOSEPH.

Oui, monsieur. (Il sort.)

SCÈNE II.

JANE, DE MONTÈGRE.

DE MONTÈGRE.

Enfin, c'est vous?...

JANE.

Je vous avais vu venir.

DE MONTÈGRE.

Oh! Jane!...

JANE.

Prenez garde, on peut entrer.

DE MONTÈGRE.

Il faut bien que je vous dise combien je suis heureux.

JANE.

Dites-le de plus loin.

DE MONTÈGRE.

Soyez sérieuse.

JANE.

Je le suis, c'est pour cela que je ne veux ni qu'on vous entende, ni qu'on vous voie. Je suis déjà bien assez inquiète depuis hier au soir.

DE MONTÈGRE.

Et moi !.. vous devinez les folles pensées qui m'ont traversé l'esprit, quand cette porte s'est entr'ouverte et que j'ai entendu ces mots : « Monsieur, ne me répondez pas ! je ne veux pas plus connaître votre voix que votre visage. Je suis seulement chargé par la comtesse de Simerose de vous dire que mademoiselle Leverdet s'étant trouvée mal, il lui est impossible de vous recevoir. Je dois vous remettre ce billet et vous aider à sortir d'ici. Suivez-moi; je monterai dans ma voiture sans me retourner. » Une main m'a tendu une lettre. J'ai obéi... et M. de Ryons m'a guidé hors de la maison; il a sauté dans sa voiture et il est parti. Me connaît-il? ne me connaît-il réellement pas? Je n'en sais rien... Vous devinez avec quelle joie j'ai lu votre billet!... J'avais peur de rêver!... Non! il était bien réel et je l'ai là comme un autre battement de mon cœur... Est-il possible que tant de bonheur soit contenu dans un si petit espace. Quelques mots sur une feuille de papier, et le monde change d'aspect! Comme je vous aime!...

JANE.

Plus bas !..

DE MONTÈGRE.

Mais dites-moi comment M. de Ryons... car avant la journée d'hier vous ne le connaissiez pas ?..

JANE.

Non !

DE MONTÈGRE.

Vous me le jurez, n'est-ce pas?

JANE.

Comment, je vous le jure?.. Je vous le dis, cela ne suffit-pas ?

DE MONTÈGRE.

C'est que j'avais eu le soir même avec lui une conversation assez étrange, et il m'avait appris qu'il avait été sans que je m'en doutasse, l'ami d'une personne...

JANE.

Avec laquelle je n'ai certainement aucun rapport.

DE MONTÈGRE.

Pardon, c'est le reste de mes terreurs d'hier. Enfin, comment s'est-il trouvé votre confident?..

JANE.

Par la seule raison qu'il n'y avait pas moyen de faire autrement. Il a empêché très-adroitement mademoiselle Hackendorf d'ouvrir cette porte. Sans lui, j'étais donc perdue, car tout mon sang s'était glacé dans mes veines, en la voyant se diriger de ce côté.

DE MONTÈGRE.

Il savait donc que j'étais là?...

JANE.

Il paraît.

DE MONTÈGRE.

Qui le lui avait dit?

JANE.

Ce n'était certainement pas moi... C'était vous, peut-être, à la suite de votre conversation.

DE MONTÈGRE.

Pouvez-vous croire?..

JANE.

Il l'avait deviné alors. Vous m'avez parlé trop haut comme je le craignais. M. de Ryons a bien vu mon embarras et mon trouble, et il a voulu absolument se charger de vous. Que faire? J'ai accepté son offre, et prévoyant bien que les seules explications verbales qu'il vous donnerait ne vous suffiraient pas, surtout en l'état où vous étiez, je lui ai remis pour vous cette lettre qui vous rend si heureux et qui contient peut-être plus que je ne voulais dire.

DE MONTÈGRE.

La regrettez-vous déjà ?

JANE.

Je ne regrette jamais rien... Mais où est-elle, cette lettre ?

DE MONTÈGRE.

Elle est là.

JANE.

Donnez-la-moi.

DE MONTÈGRE.

Pour quoi faire ?

JANE.

Pour la relire.

DE MONTÈGRE.

Vous me la rendrez ?..

JANE.

Donnez toujours.

DE MONTÈGRE, hésitant.

Oh ! Jane...

JANE.

J'attends...

DE MONTÈGRE.

La voici.

JANE, lisant.

« Venez demain. Je ne demande qu'à vous croire... Jane. »

DE MONTÈGRE.

Est-ce vrai ?

JANE.

Il faut bien que ce soit vrai, puisque c'est écrit.

DE MONTÈGRE.

Il était temps que ce mot d'espoir m'arrivât. J'étais à bout
de forces. Si vous saviez quelle existence j'ai menée depuis
votre départ. J'ai été fou, j'en suis certain. Combien de fois
ne m'est-il pas arrivé de marcher à la rencontre d'un de ces
hommes qui passaient dans la rue avec un air joyeux pour le
provoquer et lui dire : De quel droit ris-tu quand je souffre ?
Son regard rencontrait mon regard ; il croyait avoir affaire à
un ami oublié. Il cherchait à me reconnaître, puis une lueur

de raison traversait mon cerveau. Je changeais brusquement
de route pour me dérober à moi-même, et il s'éloignait en se
disant : Voilà un fou. J'ai voulu aimer d'autres femmes...
Les plus belles, les plus irrésistibles, m'apparaissaient comme
des spectres aussi vides que moi-même... Vous, toujours !...
alors je rentrais dans ma solitude et penché sur ma fenêtre,
je restais des nuits entières à regarder le pavé désert et à me
dire : Va donc, le repos est là. Puis, je me sentais retenu par
l'Espérance, cette éternelle lâcheté de l'homme... je vous
écrivais longuement et j'attendais une réponse qui n'arrivait
jamais... Pourquoi êtes vous partie ?..

JANE.

Parce que ma mère avait besoin de soleil et de mouvement.

DE MONTÉGRE.

Est-ce bien la vraie raison ou du moins la seule !

JANE.

En connaissez-vous une autre ?

DE MONTÉGRE.

Vous n'avez jamais aimé ?

JANE.

C'est bien à moi que vous parlez ?

DE MONTÉGRE.

C'est à vous.

JANE.

Vous êtes sûr de ne pas me confondre avec une autre personne ?

DE MONTÉGRE.

Que voulez-vous dire ?

JANE.

Quand j'ai quitté Paris, je vous avais vu trois fois chez votre
sœur. Vous ne m'aviez pas adressé la parole, on ne vous
avait même pas présenté à moi. Vous ne pouviez donc pas
être un obstacle à mon départ et je ne soupçonnais guère que
vous m'aimiez. Vous avez commencé à m'écrire... je n'ai fait
aucune attention à vos lettres, mais peu à peu, dans le silence
de ma vie déserte, j'ai relu ces lettres plus attentivement ; je
me suis faite à l'idée que quelqu'un m'aimait, et votre nom
a pris sa place dans mes habitudes. Je m'intéressai à vous,

je commençai à vous plaindre, et j'éprouvai comme le besoin
de me rapprocher de Paris... où vous étiez. J'en étais là quand
votre dernière lettre m'est arrivée. Vous vouliez mourir, si
vous ne me revoyiez pas avant huit jours. Mourir, c'était beaucoup ; mais c'était possible... j'y avais bien pensé quelquefois, moi. J'ai fait ce que vous demandiez, et, depuis mon
retour, les événements se sont précipités si vite les uns sur
les autres, qu'ils m'ont entraînée avec eux plus loin que je
ne voulais. Je ne regrette rien, je vous le répète, je ne demande qu'à vous croire ; mais autant vous le dire tout de
suite, il ne faut pas tant me questionner. Je n'ai jamais rien
fait de mal, excepté ce que je fais en ce moment. Guidez-
vous là-dessus, et tâchez de me convaincre. Je veux aimer,
je veux être aimée. Vous êtes le seul homme à qui j'aie dit
cela, seulement, j'ai une nature rebelle à toute espèce de do-
mination, et l'homme que j'aimerais le plus, je ne le reverrais
de ma vie s'il me soupçonnait deux fois. Et puis, j'ai mes
idées à moi sur l'amour... Cherchez, trouvez, comprenez, je
ne demande pas mieux. Voyons, vous voilà prévenu, tout ce
que vous avez dit ne compte pas ; recommençons.

DE MONTÈGRE.

Que voulez-vous que je vous dise?... Je vous aime avec
toutes les inquiétudes, avec toutes les curiosités, avec toutes
les terreurs de l'amour véritable, et je vous aime ainsi depuis
la première heure où je vous ai vue. Ne croyez-vous pas à
l'amour instantané ?... Je ne comprends pas pourquoi vous
n'êtes pas toute à moi, car il me semble que je vous ai toujours aimée. Je voudrais ne vous avoir jamais quittée d'une
minute et pouvoir vivre éternellement à vos pieds. Je vous
aime dans le présent, dans l'avenir et jusque dans le passé.
Je suis jaloux, non-seulement de l'homme dont vous portez
le nom, parce qu'il a goûté un bonheur qui devait être à
moi ; mais encore de tous les autres hommes qui ont le droit
de vous regarder, de vous parler. Je suis jaloux de votre
mère, de vos amis, de votre chien, de vos pensées, de tout ce
qui n'est pas moi, enfin ! Qui n'aime pas ainsi, n'aime pas.

JANE.

Éternelle profanation de l'amour ! autant dire à une femme
qu'on la méprise, que de lui dire qu'on l'aime de la sorte.

Aimer avec le soupçon au fond de l'âme, pourquoi ne pas haïr tout de suite? et quand j'aurai répondu à toutes vos questions, quand je vous aurai prouvé que je suis une honnête femme, alors, vous me demanderez de cesser de l'être pour vous prouver que je vous aime. Qu'attendez-vous donc de moi?... je suis mariée. Je ne puis être votre femme. Quelle espérance vous a déjà donnée cette lettre? Comptez-vous que nous allons partir ensemble et chercher le bonheur dans la honte? Ou bien, vais-je transiger avec ma conscience?... Allez-vous m'apprendre à ne rougir qu'en dedans, à supporter les allusions injurieuses, à implorer la discrétion de mes amis et la complicité de mes valets, ou dois-je suivre les conseils des femmes expérimentées en rouvrant la porte à mon mari, et me faudra-t-il descendre, pour sauver les apparences, à tous les mensonges, à toutes les duplicités, à toutes les impudeurs de l'adultère?... Est-ce là ce que vous appelez l'amour?.. N'y a-t-il pas d'autres femmes pour ces sortes d'aventures? Ah! si j'étais un homme, il me semble que je voudrais élever au-dessus de l'humanité tout entière la femme que j'aimerais. Quand on dit à une femme : Je vous aime! ce mot ne contient-il pas tous les respects, toutes les loyautés, toutes les protections?... N'est-ce pas dire : je vous trouve la plus digne entre tous les êtres, du sentiment le plus noble entre tous les sentiments. Oublions la terre, supposons le ciel, mettons en commun nos pensées, nos joies, nos douleurs, nos aspirations, nos larmes ; que dans ce commerce immatériel des intelligences et des âmes, le regard soit toujours fier, l'émotion toujours pure, l'expression toujours chaste, la conscience toujours libre ; et si les hommes soupçonnent cette intimité, la raillent ou la calomnient, laissons dire et pardonnons-leur; ils ne peuvent ni voir, ni comprendre ce qui passe si loin au-dessus d'eux. Voilà le rêve que j'ai fait, moi, pendant six mois de solitude et de réflexion, que j'ai fait en vous y associant quelquefois, et si vous connaissiez ma vie que je vous dirai tout entière, un jour, dans un seul mot, vous comprendriez que je n'en puis pas faire un autre, et qu'il faut m'aimer ainsi ou ne pas m'aimer du tout.

DE MONTÈGRE.

Que m'importe comment je vous aimerai, pourvu que je

vous aime. La vérité, c'est ce que vous dites avec cette voix
d'enfant et ce regard d'ange. Quelle femme êtes-vous? Eh
bien, oui, je vous crois, il y a un autre amour; je veux
le connaître, et le connaître par vous et pour vous. Vous avez
raison, ces mains qui ont pressé d'autres mains, sont indi-
gnes de toucher les vôtres; cette bouche qui a proféré à la
hâte et machinalement tous les mots connus de l'amour pro-
fane, n'est pas digne de prononcer votre nom divin. — Je
serai le confident de vos pensées, l'amant de vos rêves, l'é-
poux de votre âme. Je me sacrifierai, j'immolerai en moi,
je vous le promets, tout ce qui ne sera pas digne de vous. Je
vous verrai de temps en temps une minute, vous me parlerez
comme à un étranger, vous me regarderez comme un indifférent, j'emporterai la flamme de vos yeux et le son de votre
voix, et j'en vivrai pendant des semaines entières, au fond
de quelque retraite. Quand je croirai avoir fait un songe, je
reviendrai vous entendre et vous voir. Le monde, le temps,
l'espace pourront se placer entre nous sans nous séparer et
sans avilir cet amour qui n'aura besoin ni de la voix pour se
manifester, ni de la forme pour convaincre. Tenez, je vous
aime au-dessus de tout et je ne toucherais pas un pli de votre
robe. Est-ce cela?....

JANE.

Taisez-vous, je vous adorerais! (On frappe.) Entrez! (Le domestique paraît.)

JANE, au domestique.

Pourquoi frappez-vous avant d'entrer ici?

LE DOMESTIQUE.

Chez madame Leverdet, je frappais toujours avant d'entrer.

JANE.

C'est une habitude qu'il faudra perdre. Que voulez-
vous?...

LE DOMESTIQUE.

M. de Ryons fait demander si Madame peut le recevoir?...

JANE.

Certainement! priez-le d'entrer. (Le domestique sort.)

JANE, à de Montègre.

J'ai des excuses à lui faire, éloignez-vous un instant. Mieux vaut qu'il ne vous voie pas ici en ce moment. Vous rentrerez tout-à-l'heure, et quand vous serez seul avec lui, vous lui direz ce que vous croirez devoir lui dire... la vérité... c'est ce qu'il y a de mieux. Pourquoi mentir?... (De Montègre sort d'un côté, de Ryons entre de l'autre.)

SCÈNE III.

JANE, DE RYONS.

JANE, allant à de Ryons et lui tendant les mains.

Pourquoi n'entrez-vous pas, monsieur?

DE RYONS.

Je ne savais pas, Madame, si je pouvais avoir déjà l'honneur de me présenter chez vous.

JANE.

Ne m'avez-vous pas dit que vous étiez mon ami et ne me l'avez-vous pas prouvé?...

DE RYONS.

Alors, vous ne me détestez plus?

JANE.

Je ne déteste plus personne. Vous avez pénétré violemment mais utilement pour moi dans mon amitié; vous y êtes, restez-y tant qu'il vous plaira d'y rester; je ne me souviens que des services que vous m'avez rendus.

DE RYONS.

Vous avez l'air heureux?

JANE.

Je commence en effet à croire au bonheur...

DE RYONS.

Alors, permettez-moi de vous faire un petit présent. (Il lui remet un petit carton.)

JANE.

Qu'est-ce que c'est?...

DE RYONS.

C'est quelque chose que je vous prie d'accepter en souvenir de moi. On ne sait pas ce qui peut arriver.

JANE.

Un voile de grenadine blanche... celui de cette dame.

DE RYONS.

Non. Elle ne m'a pas même laissé son voile. Voyons, croyez-vous vraiment me devoir quelque chose ?

JANE.

Beaucoup.

DE RYONS.

Qu'est-ce que vous feriez pour me prouver votre reconnais-sance ?...

JANE.

Tout ce que l'amitié peut faire, comme vous me disiez hier vous-même.

DE RYONS.

Eh bien ! mettez un instant ce voile sur votre visage...

JANE.

C'est donc bien vrai que je lui ressemble, à cette dame ?

DE RYONS.

Étrangement.

JANE, mettant le voile.

Ainsi ?...

DE RYONS.

Relevez-le un peu.

JANE.

Comme cela ?

DE RYONS.

Oui ! maintenant, pour me convaincre, il faut me dire bien nettement que ce n'était pas vous...

JANE.

Qui, moi ?

DE RYONS.

Qui alliez à Strasbourg ?

JANE.

Encore ?

DE RYONS.

Ce n'est pas répondre.

JANE, nettement.

Non, ce n'était pas moi.

DE RYONS.

Soit. Nous n'en reparlerons plus... jusqu'à ce que vous m'en reparliez.

JANE.

Vous croyez donc que je vous en reparlerai.

DE RYONS.

J'en suis certain.

JANE.

Et quand cela?

DE RYONS.

Bientôt?...

JANE.

Parce que?

DE RYONS.

Parce que c'est infaillible. Je suis le diable. Vous ne vous le rappelez donc plus?

JANE.

C'est juste. Pardon.

DE RYONS.

En attendant, promettez-moi, si vous faites un jour un voyage mystérieux, de mettre ce voile, pour que quelque chose de moi vous accompagne.

JANE.

Je n'aurai pas à faire de voyage mystérieux, c'est pour cela que vous me voyez si joyeuse... Mais si cela arrive... je ferai ce que vous désirez.

DE RYONS.

C'est dit.

JANE.

C'est dit.

JOSEPH, annonçant.

Monsieur de Montègre.

DE RYONS, à part.

Tous plus malins les uns que les autres !

DE MONTÈGRE, entrant.

Je me suis permis, madame, de venir savoir des nouvelles de mademoiselle Leverdet.

JANE.

Et vous avez bien fait; elle est mieux. Nous venons de faire une promenade ensemble. Je vais lui demander si elle peut vous recevoir, car, aujourd'hui, c'est elle la maîtresse de la maison; je vous laisse un moment avec votre ami M. de Ryons, dont je vous ai privé hier , et avec qui vous désiriez tant causer. (Elle sort.)

SCÈNE IV.

DE RYONS, DE MONTÈGRE.

DE MONTÈGRE.

Donnez-moi la main.

DE RYONS.

De grand cœur !

DE MONTÈGRE.

Il est inutile, n'est-ce pas, de prolonger le mystère d'hier au soir?... C'est moi que vous avez fait sortir de chez la comtesse.

DE RYONS.

Ah !

DE MONTÈGRE.

Vous ne vous en doutiez pas?...

DE RYONS.

Si... je le savais même avant d'avoir ouvert cette porte.

DE MONTÈGRE.

Pourquoi aviez-vous l'air de ne pas le savoir?...

DE RYONS.

Parce qu'il vous plaisait peut-être que je l'ignorasse, et que j'aimais mieux avoir l'air de l'ignorer.

DE MONTÈGRE.

Au contraire, je tiens à ce que vous le sachiez et à vous donner une explication, afin que vous ne supposiez pas autre chose que ce qui est.

DE RYONS.

Comme il vous plaira !...

DE MONTÈGRE.

Mais comment saviez-vous que j'étais là?...

DE RYONS.

Ce n'était pas bien difficile à deviner !...

DE MONTÈGRE.

Encore le fallait-il...

DE RYONS.

Tout le temps du dîner, vous avez regardé la comtesse comme un homme amoureux. Je vous ai offert un cigare pendant que nous fumions, vous l'avez refusé tout en me disant que vous fumez ordinairement. Je me suis dit : voilà un homme qui a ce soir un rendez-vous avec une femme. Vous avez chaudement défendu madame de Simerose quand nous avons parlé d'elle, bien que personne ne l'attaquât ; et après avoir causé tout bas avec vous, elle m'a retenu lorsque j'ai voulu me retirer en votre compagnie, bien qu'elle n'eût pas l'air de me porter dans son cœur... Je me suis dit : Voilà un homme qui aime cette femme et voilà une femme qui ne veut pas que je sache où va cet homme. Pendant que je parlais à la comtesse, on a gratté à cette porte... Je me suis dit : C'est le signal ; M. de Montègre est là...

DE MONTÈGRE.

Et maintenant, je veux vous expliquer...

DE RYONS.

Quoi ?...

DE MONTÈGRE.

Comment il se faisait...

DE RYONS.

Ne m'expliquez donc rien... Est-ce qu'on explique ces choses-là ?...

DE MONTÈGRE.

Oui, quand l'honneur d'une femme y est intéressé. Il ne s'agit plus ici de Fanny, n'est-ce pas ?...

DE RYONS.

Non, les femmes se suivent et ne se ressemblent pas.

DE MONTÈGRE.

Il ne faut pas que vos suppositions aillent au-delà du vrai... Sachez donc... et je vous en donne ma parole d'honneur, que je n'ai jamais été l'amant de madame de Simerose, que je ne le suis pas, et que je ne le serai jamais.

DE RYONS.

Oh ! vous m'enchantez !

DE MONTÈGRE.

7

DE RYONS.

Parce qu'alors on peut lui faire la cour.

DE MONTÈGRE.

Non, car cela ne m'empêche pas de l'aimer de toute mon âme; au contraire.

DE RYONS.

Et d'être aimé d'elle?...

DE MONTÈGRE.

Peut-être !

DE RYONS.

Je ne comprends plus alors...

DE MONTÈGRE.

Ne peut-on pas aimer une femme et être aimé d'elle sans la perdre pour cela ?

DE RYONS.

Ah ! très-bien... Je n'y étais pas, moi... l'amour pur... l'amour abstrait... l'amour absolu... la quintessence des amoureux... 28,000 francs le flacon.

DE MONTÈGRE.

Moquez-vous de moi tant que vous voudrez, je suis heureux.

DE RYONS.

C'est vous qui vous moquez de moi. Vous, aimer platoniquement! Un cheval de course attelé à une charrue; allons donc!... A moitié du sillon, vous donneriez des coups de pied dans les brancards et vous casseriez tout. On aime platoniquement une reine, une religieuse ou une bossue... et l'on n'a d'autre confident que soi-même. Du jour où cet amour se manifeste en paroles humaines, il s'avilit et s'évapore. Êtes-vous sincère?...

DE MONTÈGRE.

Oui.

DE RYONS.

En ce cas, partez pour la Chine à l'instant même... Vous ne voulez pas?

DE MONTÈGRE.

Dieu m'en garde !

DE RYONS.

Eh bien! avant huit jours, vous déshonorerez celle que vous aimez.

DE MONTÈGRE.

Parce que?...

DE RYONS.

Parce qu'il y a des lois invariables que nous ne changerons
ni vous ni moi... qui n'ai pas envie de les changer, du reste.
L'homme a une âme, un esprit et un corps; s'il n'aime
qu'avec son âme, qu'il ne s'adresse pas à une créature ter-
restre, qu'il aille droit à Dieu, source de toute pureté et de
toute vérité; qu'il soit saint Augustin ou saint Vincent de
Paul, et qu'il donne aux hommes un grand exemple à suivre.
S'il n'aime qu'avec son imagination, qu'il soit Dante, Tasse
ou Pétrarque, qu'il s'adresse à une créature imaginaire ou
insaisissable comme Laure, Éléonore ou Béatrix, qu'il mette
son amour en rimes et qu'il jette à la postérité un chef-
d'œuvre éternel. S'il n'aime qu'avec le corps, qu'il soit Casa-
nova ou Richelieu, qu'il fasse éclater l'amour païen sur les
joues des belles filles, comme ces feuilles de rose en forme
de bulles, que les enfants font éclater sur le dos de leur
main. Cela fait un joli bruit, et il n'y a rien dedans; car
il faut l'harmonie entre le corps, l'esprit et l'âme pour pro-
duire l'amour tel que Dieu l'a voulu. Ne venez donc pas, à
votre âge, nous raconter que vous allez passer votre vie dans
l'adoration perpétuellement respectueuse d'une femme, ou
je n'ai qu'un mot à vous dire pour vous rejeter sur la terre
et vous faire trembler de la tête aux pieds, vous et votre
amour pur.

DE MONTÈGRE.

Comment cela!... quel mot?

DE RYONS.

Vous aimez purement et chastement la comtesse?

DE MONTÈGRE.

Oui!...

DE RYONS.

Eh bien, fermez les yeux un moment... Voyez-vous cette
ombre qui passe entre elle et vous, en vous riant au nez?
C'est le mari.

DE MONTÈGRE.

Ne parlez pas de cela.

DE RYONS.

Partez pour la Chine... Non?... Eh bien, vous avez tort; et

maintenant, si vous me donnez la comédie, ce ne sera plus ma faute... au revoir !

SCÈNE V.

LES MÊMES, DE SIMEROSE.

DE SIMEROSE.

Pardon, monsieur, madame de Simerose, je vous prie ?

DE RYONS.

Vous êtes ici chez elle, monsieur...

DE SIMEROSE.

Je n'ai trouvé personne qu'un domestique, qui tenait en main un fort beau cheval de selle qui est à l'un de vous deux, messieurs, sans doute ?

DE RYONS.

A moi, monsieur.

DE SIMEROSE.

Recevez mon compliment, monsieur, c'est une bête admirable. Mais ce domestique, qui ne pouvait venir m'annoncer avec son cheval en main, m'a dit que je trouverais la comtesse dans ce salon ?

DE RYONS.

Il s'est trompé, la comtesse est dans sa salle à manger, avec mademoiselle Balbine Leverdet. Je puis la prévenir que vous la demandez?

DE SIMEROSE.

Si vous le voulez bien, monsieur.

DE RYONS.

Qui annoncerai-je ?...

DE SIMEROSE.

M. d'Issomère. Je viens pour une propriété que madame la comtesse veut vendre. Je me suis adressé déjà à son notaire, mais il faut que je m'entende avec elle-même, et avec elle seule. (De Ryons salue.) Je vous demande pardon, monsieur.

DE RYONS, à de Montègre.

Vous restez ?...

DE MONTÈGRE.

Oui, je reste encore un moment. (De Ryons sort.)

SCÈNE VI.

DE MONTÈGRE, DE SIMEROSE, puis LA COMTESSE.

DE SIMEROSE.

Ce monsieur a un beau cheval.

DE MONTÈGRE.

Vous êtes amateur, monsieur ?

DE SIMEROSE.

Oui, très-amateur. Et vous, monsieur?

DE MONTÈGRE.

Comme tout le monde.

JANE, entrant, à de Simerose.

Vous, monsieur le comte ?

DE SIMEROSE.

Moi-même, madame la comtesse.

JANE.

Pourquoi vous faites-vous annoncer chez moi sous un faux nom ?

DE SIMEROSE.

Parce qu'après ce qui s'est passé hier, vous ne m'auriez probablement pas reçu sous mon nom véritable.

JANE, présentant les deux hommes l'un à l'autre.

Monsieur de Montègre. — Monsieur de Simerose, mon mari.

DE MONTÈGRE.

Je prends congé de vous, madame.

JANE.

Mais j'espère vous revoir bientôt. (De Montègre salue et sort.)

SCÈNE VII.

JANE, DE SIMEROSE.

JANE.

Je vous écoute, monsieur.

DE SIMEROSE.

D'abord, je me présente chez vous pour vous faire mes excuses de l'ennui tout involontaire que je vous ai causé, en acceptant le dîner de cette dame Leverdet. J'ignorais complétement la possibilité de votre retour, et dès que je l'ai su, je

me suis retiré. Je ne connaissais pas cette dame. Elle n'a pas
eu de cesse que je ne lui fusse présenté, et dès notre première
rencontre, elle m'a parlé de vous comme si elle était
votre plus intime amie... Elle promettait de mener à bonne
fin des événements qui me souriaient tellement que je lui en
ai confié la conduite. Elle n'a pas réussi. Je n'ai pas besoin
de vous dire combien je le regrette, tout en me conformant
encore une fois à votre volonté ainsi que j'ai promis de le
faire toujours; ce me sera plus difficile, maintenant que je
vous ai revue.

JANE.

J'aimerais autant, monsieur, que vous ne fussiez pas revenu sur ce sujet qui m'est probablement encore plus péni-
ble qu'à vous; mais puisque cela est fait, permettez-moi de
vous dire que vous auriez pu faire plus tôt ces tentatives d'un
rapprochement impossible aujourd'hui, si vous vous étiez re-
penti sincèrement comme vous me l'avez fait dire.

DE SIMEROSE.

Je n'ai pas fait plus tôt ces tentatives, madame, par une
raison toute simple : d'abord, vous étiez fort irritée contre
moi... Et pourtant si l'on soumettait la question à un tribu-
nal d'hommes et même de femmes, il y aurait bien des voix
en ma faveur.

JANE.

Monsieur...

DE SIMEROSE.

Et puis vous étiez beaucoup plus riche que moi; ma déli-
catesse se trouvait donc engagée; vous auriez pu croire,
surtout dans les dispositions où vous étiez à mon égard, à un
calcul d'intérêt.

JANE.

Et aujourd'hui ?

DE SIMEROSE.

J'ai perdu un parent fort éloigné sur l'héritage duquel je
ne comptais pas, et qui me fait aussi riche que vous; mon
cœur a donc le moyen de vous dire ce qu'il pense... (Un
silence.) Cela ne change rien à vos résolutions... (Silence.) Il ne
me reste plus alors qu'à vous faire connaître une décision

que j'ai prise hier, et à vous demander un service. Cette décision est de quitter l'Europe.

JANE.

Pour longtemps?

DE SIMEROSE.

Pour toujours. Il faut absolument que ma vie soit employée
à quelque chose. Être un homme du monde purement et
simplement, cela peut passer pour une carrière si l'on a une
famille, des enfants, des relations, mais la position amphibie
que notre séparation m'a faite, les demi-torts que j'ai eus,
les demi-raisons que je pourrais donner, l'engagement que
j'ai pris de ne pas habiter le pays où vous êtes, la nécessité
où je suis, toutes les fois qu'on me parle de vous, de répondre que vous êtes la plus honnête femme du monde, ce que
je pense, ce qui est, ce qui sera toujours, quoi qu'on veuille
me faire entendre, quoi que je voie moi-même, et lorsqu'on
me demande la cause de notre séparation, d'être forcé d'a-
vouer que moi seul suis coupable d'une faute qui donne envie de rire à tous les gens à qui je la raconte, bien que je la
considère toujours moi-même comme un crime; tout cela
me met dans une situation tellement fausse et tellement ridicule, que j'aurais été heureux d'en finir par une réconciliation publique. Vous ne le voulez pas? n'en parlons plus...
mais vous me permettrez bien de songer un peu à ma di-
gnité et de ne pas m'humilier outre mesure. Je suis donc résolu à partir avec un de mes amis. Nous allons tenter dans
le nouveau monde des voyages et des aventures qui rendront
peut-être bientôt la situation plus claire pour vous. Quels
que soient les accidents auxquels je m'expose, pour me distraire un peu, je tâcherai que vous soyez informée le plus
tôt possible de votre liberté complète. Cependant, si, depuis
deux ans, vos idées sur le mariage ne sont pas modifiées,
ne faites pas une nouvelle tentative, elle ne réussirait pas
mieux que la première. Si elles sont autres... soyez heureuse, je le souhaite, et vous le méritez.

JANE.

Monsieur...

DE SIMEROSE.

Rassurez-vous... je ne viens pas essayer de vous émouvoir

sur ma destinée probable, mais je tenais à vous dire adieu
avant de m'expatrier, et puis, je vous le répète, j'ai besoin
d'un service qui ne peut m'être rendu que par une personne
que j'estime et que j'aime. Le cas échéant, vous ne douteriez
pas de mon honneur, je pense, et n'importe quel service
vous auriez à me demander, vous êtes bien sûre que je vous
le rendrais. J'en augure autant de vous. Ai-je raison ?

JANE.

Oui.

DE SIMEROSE.

Cependant, si des motifs que je ne connais pas veulent que
vous ne puissiez rien faire sans l'avis de quelqu'un, parent
ou ami, veuillez me le dire, ma visite s'arrêterait là, ce que
j'ai à vous demander exigeant le secret le plus absolu.

JANE.

Même vis-à-vis de ma mère ?...

DE SIMEROSE.

Même vis-à-vis de votre mère qui ne m'aime pas, qui vous
aime un peu en égoïste, sans quoi elle vous eût mieux con-
seillée dans d'autres circonstances.

JANE.

Je vous écoute.

DE SIMEROSE.

Ce mot me suffit. Je sais qu'on n'a besoin de vous demander ni serment, ni protestation. Voici donc de quoi il s'agit :
Je m'intéresse beaucoup à un enfant, qui est encore trop
jeune pour que je l'emmène avec moi. Je suis sa seule famille ; il n'a plus de mère et n'a pas de père. C'est une triste
façon d'entrer dans un monde où l'on a tant besoin d'appuis
et d'affections. Il me serait donc très-douloureux, en partant,
de l'abandonner à des soins purement mercenaires. Il a près
de quatre ans, il est plein d'intelligence et de grâce. C'est un
petit garçon... Voulez-vous vous intéresser à lui, l'aller voir
de temps en temps et devenir sa protectrice ?...

JANE.

Oui.

DE SIMEROSE.

Si plus tard, il vous plaît, si vous le croyez digne d'une
affection sérieuse et suivie, qui vous empêcherait de le

prendre auprès de vous. Il vous faudra toujours aimer quelqu'un, vous ne sauriez traverser la vie sans un attachement
quelconque. Autant celui-là qu'un autre, et, de plus, ce sera
une bonne action. Si je reviens de mes excursions, d'ici à
cinq ou six ans... en cinq ou six ans, il se passe bien des
choses, nous nous entendrons ensemble sur la manière de l'é-
lever à nous deux, même séparément, et d'en faire un homme.
Si je ne reviens pas, qu'il ait bien mérité de vous, et que
vous ne soyez pas remariée, adoptez-le lorsque vous serez en
âge de le faire. On avancera bien quelques suppositions, mais à ce
moment-là, vous vous en soucierez peu. En tout cas, moi je
lui donne mon nom par mon testament. Par ce même testament, que je vous prie de garder, je vous laisse toute ma
fortune, à titre de dépôt, rassurez-vous, et vous la lui trans-
mettrez quand vous le jugerez convenable. L'enfant est à la
campagne, chez des gens dont voici l'adresse sur cette lettre,
par laquelle je vous donne pleins pouvoirs sur lui. Cette
lettre est signée du nom que j'ai pris tout à l'heure et qui
n'est que l'anagramme de mon nom véritable, si bien que
ce n'est pas tout à fait un mensonge. Ces gens sont préve-
nus qu'une dame viendra peut-être voir le petit et le prendre.
Ils sont discrets; vous les récompenserez de leurs soins, et
tout sera dit. Est-ce convenu?...

JANE.

Oui, et je vous remercie de votre confiance.

DE SIMEROSE.

Je pars demain. Si d'ici là vous avez quelque chose à me
faire dire, j'habite, quand je viens à Paris, mon ancien loge-
ment de garçon. Je me permettrai de vous écrire quelquefois
et de vous demander des nouvelles de Richard. C'est le nom
de l'enfant.

JANE.

Le même nom que vous...

DE SIMEROSE.

Le même.

JANE.

Vous recevrez régulièrement de ses nouvelles.

DE SIMEROSE.

Merci. Au revoir, comtesse... adieu, veux-je dire.

JANE.

Adieu, monsieur. (Le comte sort.)

SCÈNE VIII.

JANE, DE MONTÈGRE, qui est entré un moment après que le comte
était sorti, et sans être vu de Jane.

DE MONTÈGRE.

Eh bien ?...

JANE.

Vous étiez là ?...

DE MONTÈGRE.

Oui.

JANE.

Dans cette chambre ?...

DE MONTÈGRE.

Oui, puisque vous m'avez autorisé hier...

JANE.

Mais non aujourd'hui !

DE MONTÈGRE.

Pardon... Je ne croyais pas vous contrarier... Qu'est-ce que
votre mari vient faire chez vous ?

JANE.

Il est venu me parler d'affaires, me remettre des papiers
d'intérêt.

DE MONTÈGRE.

A quel propos ?...

JANE.

Il part...

DE MONTÈGRE.

Pour longtemps ?

JANE.

Pour toujours, sans doute.

DE MONTÈGRE.

Alors, pourquoi êtes-vous si troublée ?

JANE.

Je ne m'attendais pas à cette visite... elle m'a fait mal.

DE MONTÈGRE.

Et à moi aussi. Quand je pense que vous avez aimé cet homme !

JANE.

Oh ! jamais... (Elle va pour parler et s'arrête.)

DE MONTÈGRE.

Qu'alliez-vous dire ?...

JANE.

Rien... plus tard... Adieu.

DE MONTÈGRE.

Vous me congédiez...

JANE.

J'ai besoin d'un peu de repos et de solitude, après toutes ces émotions...

DE MONTÈGRE.

Dites-moi que vous m'aimez, Jane.

JANE.

Quelle femme serais-je donc si je ne vous aimais pas ?

DE MONTÈGRE.

A demain... (Jane fait signe que oui. De Montègre sort. Jane va à la fenêtre et le regarde s'éloigner. Elle lui fait un signe de tête qu'il peut prendre pour affectueux ; puis elle revient à la table où sont les papiers que lui a remis son mari. Elle lit la lettre et la remet sur la table, puis elle lit l'adresse, réfléchit un instant et marche vers la sonnette. Elle s'arrête, nouvelle réflexion. Elle se retourne, et va prendre son châle et son chapeau qu'elle met à la hâte devant la glace, et se dirige vers la porte du fond pour sortir. Au moment où elle y arrive, De Ryons paraît à la porte de gauche, prend le voile de grenadine resté sur la table et dit :) Comtesse, vous oubliez votre voile...

JANE.

Vous avez raison, il peut servir. (Elle prend le voile.)

DE RYONS.

Tout le monde doit ignorer où vous allez ?

JANE.

Oui.

DE RYONS.

Même...

JANE.

Tout le monde...

DE RYONS.

Alors, il faut prendre quelques précautions...

JANE.

Parce que ?...

DE RYONS.

Parce que M. de Montègre vous guette.

JANE.

Il en est incapable.

DE RYONS, l'amenant à la fenêtre.

Vous voyez cet homme qui se cache là-bas sous les arbres?
c'est lui.

JANE.

Il joue là un mauvais jeu, avec moi surtout.

DE RYONS, à part.

C'est bien sur ce jeu-là que je compte.

JANE, après avoir réfléchi.

Que faut-il faire ?

DE RYONS.

Montez dans votre voiture, qui est encore attelée... faites-
vous conduire boulevard de Wagram, no 67. Il y a là un
petit hôtel tout neuf. Ordonnez d'avance à votre cocher de
s'en aller au bout d'une demi-heure, s'il ne vous a pas vue
redescendre ; sonnez, entrez. Traversez la cour et sortez par
l'autre porte qui donne sur la rue des Dames. Là, vous
trouverez une voiture que je vais y envoyer, et vous vous
ferez conduire où vous avez affaire. Seulement, si vous prenez le chemin de fer, le compartiment des dames.

JANE.

Merci. (Elle sort.)

SCÈNE IX.

DE RYONS, seul. — Il regarde par la fenêtre.

Elle monte en voiture. Il quitte son arbre. Le voilà qui
prend la piste. Il y a des hommes, quand ils sont amoureux,
qui ressemblent aux chiens courants. Ils croient chasser pour
leur compte. Ils donnent de la voix tant qu'ils peuvent et ils
vous amènent le gibier sous le canon de votre fusil. Allons !
en chasse !

ACTE QUATRIÈME

Même décor.

—

SCÈNE PREMIÈRE.

MADAME LEVERDET, JOSEPH.

MADAME LEVERDET, entrant avec Joseph.

Et la comtesse est sortie ?

JOSEPH.

Oui, madame.

MADAME LEVERDET.

Va-t-elle rentrer ?

JOSEPH.

Je le pense bien, madame est sortie à midi et il est quatre heures.

MADAME LEVERDET.

Pourquoi est-elle sortie ?

JOSEPH.

Elle ne me l'a pas dit, madame.

MADAME LEVERDET.

Et ma fille ?

JOSEPH.

Mademoiselle Balbine est dans le jardin.

MADAME LEVERDET.

Seule ?

JOSEPH.

Seule.

MADAME LEVERDET.

La comtesse est peut-être allée au devant de sa mère.

JOSEPH.

Peut-être, madame.

MADAME LEVERDET.

Car madame de Tussac doit revenir ces jours-ci, n'est-ce pas ?

JOSEPH.

Je n'en sais rien.

MADAME LEVERDET.

Et l'oncle de la comtesse, est-il arrivé?

JOSEPH.

Non, madame.

MADAME LEVERDET.

Mais on l'attend.

JOSEPH..

Son appartement est prêt.

MADAME LEVERDET.

Il l'a accompagnée pendant son voyage en Italie?

JOSEPH.

Qui?... madame?

MADAME LEVERDET.

La comtesse.

JOSEPH.

Madame la comtesse a donc voyagé en Italie?...

MADAME LEVERDET.

Elle en revient...

JOSEPH.

Ah!

MADAME LEVERDET.

Vous l'ignoriez?

JOSEPH.

Je suis resté ici, moi, madame...

MADAME LEVERDET.

Mais la femme de chambre était du voyage, elle a dû vous en parler.

JOSEPH.

Non, madame.

MADAME LEVERDET.

De quoi parlez-vous donc à l'office?

JOSEPH.

Des autres maisons.

MADAME LEVERDET.

Est-ce que vous avez de l'esprit?... Monsieur Joseph, depuis que vous avez quitté mon service?

JOSEPH.

Madame le sait bien, c'est pour cela qu'elle m'a renvoyé.
(Il sort.)

SCÈNE II.

MADAME LEVERDET, DE MONTÈGRE.

DE MONTÈGRE.

Vous êtes seule ici?

MADAME LEVERDET.

Oui... qu'avez-vous? Vous êtes tout pâle.

DE MONTÈGRE.

Je suis bien malheureux.

MADAME LEVERDET.

Ça commence déjà! Que vous arrive-t-il?

DE MONTÈGRE.

J'ai besoin de toute votre amitié.

MADAME LEVERDET.

Elle ne vous aime pas, elle vous repousse?

DE MONTÈGRE.

Elle me trompe, ce qui est pis que tout cela.

MADAME LEVERDET.

Vous avez donc déjà le droit d'être trompé.

DE MONTÈGRE.

Oui et non...

MADAME LEVERDET.

Depuis six mois, vous m'avez mise au courant de tout ce
qui se passait entre vous et la comtesse; mais, depuis hier,
je ne sais rien.

DE MONTÈGRE.

Depuis hier, j'ai eu une entrevue avec elle...

MADAME LEVERDET.

Et dans cette entrevue ?...

DE MONTÈGRE.

Je lui ai dit que je l'aimais...

MADAME LEVERDET.

Et elle ?...

DE MONTÈGRE.

Elle m'a laissé entendre qu'elle pourrait m'aimer...

MADAME LEVERDET.

Eh bien ! pour une première entrevue, c'est suffisant. Si ce n'est que ça...

DE MONTÈGRE.

J'étais encore ici avec M. de Ryons, quand...

MADAME LEVERDET.

M. de Ryons est venu la voir aujourd'hui ?

DE MONTÈGRE.

Il est venu savoir des nouvelles de votre fille...

MADAME LEVERDET.

C'est juste.

DE MONTÈGRE.

Comment va-t-elle ?

MADAME LEVERDET.

Bien !...

DE MONTÈGRE.

Je vous demande pardon, n'est-ce pas ?

MADAME LEVERDET.

Allez, allez.

DE MONTÈGRE.

J'étais donc encore là quand son mari est venu.

MADAME LEVERDET.

Son mari ?

DE MONTÈGRE.

Il s'est présenté sous un autre nom que le sien.

MADAME LEVERDET.

Il a bien fait. Elle ne veut plus entendre parler de lui.

DE MONTÈGRE.

Oui, elle m'a dit qu'elle le détestait.

MADAME LEVERDET.

Je le crois. Sans cela qui l'empêchait de se réconcilier avec lui, puisqu'il le demande; mais elle m'a positivement répondu non, et elle m'a même remise à ma place, en cette occasion, avec une hauteur que j'aurais pu abattre d'un mot si je n'étais pas aussi discrète que je le suis. Enfin, vous avez assisté à l'entrevue.

DE MONTÈGRE.

Non. Mais dès que le comte a eu pris congé d'elle, je suis rentré.

MADAME LEVERDET.

Qu'est-ce que le comte lui voulait? je le croyais parti.

DE MONTÈGRE

Ce n'est pas lui, peut-être.

MADAME LEVERDET.

Mais non, au fait, il doit revenir voir aujourd'hui M. Leverdet, qui lui a promis des renseignements. Il aura absolument voulu faire lui-même une dernière tentative avant son départ.

DE MONTÈGRE.

Et lui parler d'affaires d'intérêt, d'après ce qu'elle m'a dit.

MADAME LEVERDET.

Ils doivent en avoir ensemble. Ensuite?

DE MONTÈGRE.

Ensuite? Quand elle m'a revu, elle m'a dit qu'elle avait besoin de repos et de solitude, que cette visite l'avait troublée.

MADAME LEVERDET.

C'est assez naturel.

DE MONTÈGRE.

Je l'ai laissée alors. Mais je ne sais quel secret instinct, quel pressentiment me disaient de ne pas m'éloigner de cette maison.

MADAME LEVERDET.

C'est là un pressentiment que vous avez eu pour bien des maisons.

DE MONTÈGRE.

Bien m'en a pris cette fois; car au bout d'un quart-d'heure elle sortait le visage couvert d'un voile d'une étoffe blanche.

MADAME LEVERDET.

De la grenadine. On en porte beaucoup maintenant; c'est anglais.

DE MONTÈGRE.

J'ai suivi sa voiture.

MADAME LEVERDET.

A pied.

DE MONTÈGRE.

A pied?

MADAME LEVERDET,

Par cette chaleur-là; vous êtes fou. Il y a de quoi se tuer. Et vous êtes allé ainsi?...

8

DE MONTÈGRE.

Jusqu'au boulevard de Wagram.

MADAME LEVERDET.

Où est ce boulevard?

DE MONTÈGRE.

Du côté de l'ancienne barrière du Roule.

MADAME LEVERDET.

Il mène au parc de Monceaux.

DE MONTÈGRE.

Justement.

MADAME LEVERDET.

Je vois ça d'ici. Il y a des hôtels tout neufs par là qui ne se louent pas beaucoup.

DE MONTÈGRE.

La voiture s'est arrêtée devant un de ces hôtels.

MADAME LEVERDET.

Quel numéro?

DE MONTÈGRE.

67...

MADAME LEVERDET.

67, je ne connais personne là...

DE MONTÉGRE.

J'ai attendu...

MADAME LEVERDET.

Toujours par pressentiment. Quelle manie ont les hommes de vouloir toujours savoir ce qu'on veut leur cacher!

DE MONTÈGRE.

Après une demi-heure d'attente, j'ai vu la voiture s'éloigner au pas et vide.

MADAME LEVERDET.

On était venu lui dire de s'en aller.

DE MONTÈGRE.

Non.

MADAME LEVERDET.

Ne faites pas attention... je m'assieds.

DE MONTÈGRE.

Évidemment, elle avait dit à son cocher : si au bout d'une demi-heure je ne suis pas descendue de cette maison, vous vous en irez...

LEVERDET.

Pourquoi?

DE MONTÈGRE.

Parce qu'elle avait sans doute à aller autre part, où elle ne pouvait pas aller avec sa voiture et ses gens.

MADAME LEVERDET.

Cela devient intéressant...

DE MONTÈGRE.

Je suis entré dans la maison... j'ai donné cinq louis au concierge et je l'ai questionné.

MADAME LEVERDET.

Vous l'avez compromise...

DE MONTÈGRE.

Pourquoi m'a-t-elle menti?

MADAME LEVERDET.

Et le concierge?

DE MONTÈGRE.

N'a pu rien me dire, sinon qu'il était venu une dame demander la locataire de la maison, laquelle locataire est absente... après quoi elle était partie par l'autre porte.

MADAME LEVERDET.

La maison a deux issues?...

DE MONTÈGRE.

Oui.

MADAME LEVERDET.

Pas mal, petite comtesse... Et où allait-elle?

DE MONTÈGRE.

Voilà ce que je ne sais pas, puisque je restais les yeux fixés sur sa voiture.

MADAME LEVERDET.

Et pendant ce temps, elle gagnait du terrain... Bien joué!

DE MONTÈGRE.

Oui, bien joué; mais j'aurai ma revanche, je vous en réponds.

MADAME LEVERDET.

Qu'est-ce que vous avez fait, alors?

DE MONTÈGRE.

Je suis sorti par la même porte qu'elle, et j'ai regardé dans la rue.

MADAME LEVERDET.

C'est bien inutile, nous ne laissons pas de sillage comme les bateaux à vapeur.

DE MONTÈGRE.

Qui sait, un indice quelconque... Je suis entré dans toutes les maisons... j'ai questionné, rien... Quand je pense qu'elle était peut-être derrière une de ces fenêtres riant de moi avec un autre.

MADAME LEVERDET.

Mais pourquoi rirait-elle de vous avec un autre, quand elle était libre de ne pas revenir et de ne pas vous écouter?

DE MONTÈGRE.

Je me suis dit tout cela; mais vous ne savez pas ce que c'est qu'une femme.

MADAME LEVERDET.

Mieux que vous, allez!

DE MONTÈGRE.

Je suis revenu ici.

MADAME LEVERDET.

Toujours à pied?

DE MONTÈGRE.

Toujours. Elle n'était pas rentrée,

MADAME LEVERDET.

Bien entendu.

DE MONTÈGRE.

J'ai interrogé le cocher adroitement.

MADAME LEVERDET.

Je me fie à vous.

DE MONTÈGRE.

Il m'a dit l'ordre que lui avait donné sa maîtresse. J'ai couru chez vous. On m'a appris que vous étiez ici, et me voilà!

MADAME LEVERDET.

Et déjeuner?

DE MONTÈGRE.

Il est bien question de déjeuner.

MADAME LEVERDET.

Vous vous rendrez malade, voilà tout. Maintenant, à quoi

puis-je vous être bonne dans tout cela? Je suis prête à vous
rendre service, si c'est en mon pouvoir.

DE MONTÈGRE.

Parlez-moi à cœur ouvert. Dites-moi tout ce que vous savez sur elle.

MADAME LEVERDET.

Est-elle... engagée avec vous?

DE MONTÈGRE.

Non.

MADAME LEVERDET.

Sur l'honneur?

DE MONTÈGRE.

Sur l'honneur !

MADAME LEVERDET.

Alors, je puis tout vous dire.

DE MONTÈGRE.

Il y a donc quelque chose?

MADAME LEVERDET.

C'est une fatalité. Il faut que ce soit toujours moi qui vous
éclaire sur vos amours. En vérité, j'ai l'air d'être jalouse de
ces femmes que vous aimez toutes les unes après les autres
avec la même fureur; mais Dieu m'est témoin que votre intérêt seul me guide, n'est-ce pas?

DE MONTÈGRE.

Oui.

MADAME LEVERDET.

Aussi, quand je vous ai vu épris de madame de Simerose,
j'ai fait ce que j'ai pu pour vous détourner d'elle... autant
dans son intérêt que dans le vôtre... je croyais la comtesse
la plus honnête femme du monde. J'ai donc été fort sur-
prise quand je l'ai vue revenir tout à coup après votre lettre,
comme vous l'espériez. Il est vrai que j'ignorais la menace
que cette lettre contenait. Elle pouvait revenir pour vous sauver la vie, et n'importe quelle femme, la plus vertueuse
même, en eût fait autant à sa place: mais quand je lui ai
parlé de vous hier et qu'elle m'a répondu tranquillement :
« Oui, je l'ai vu deux ou trois fois chez sa sœur. » Quand je
l'ai vue exiger de moi que je lui amenasse tous mes invités,
parce que vous étiez du nombre, car il n'y avait pas d'autre

raison à cette inconvenance, et quand je vous ai présenté à elle, et que je l'ai vue vous accueillir comme elle eût fait du premier venu, j'ai été plus qu'étonnée de l'empire qu'elle avait sur elle-même et qui ressemblait un peu bien à l'habitude de ces sortes d'affaires.

DE MONTÈGRE.

Vous me faites mourir.

MADAME LEVERDET.

Eh bien! si quelqu'un sait à quoi s'en tenir sur la comtesse, c'est...

DE MONTÈGRE.

C'est ?...

MADAME LEVERDET.

Mais il faudrait être assez fort pour le faire parler, car il ne dit que ce qu'il veut quand il est prévenu; autrement, il ne peut pas toujours retenir sa langue. C'est ce qui lui est arrivé hier quand il s'est rencontré avec madame de Simerose. Il a laissé échapper qu'il l'avait déjà vue quelque part, et il a fait allusion à un voyage à Strasbourg, je crois.

DE MONTÈGRE.

M. de Ryons, peut-être ?

MADAME LEVERDET.

Lui-même.

DE MONTÈGRE.

Fanny qui recommence.

MADAME LEVERDET.

Où allez-vous ?

DE MONTÈGRE.

Je vais le trouver. Vous avez raison. Il la connaît; ce n'est plus douteux, maintenant. Vous ne savez donc pas que c'est lui qui m'a remis la lettre, hier, dans cette chambre ? S'il ne l'avait pas connue de longue date...

MADAME LEVERDET.

Quelle lettre ? quelle chambre ?

DE MONTÈGRE.

Vous saurez tout, merci; mais s'ils se sont moqués de moi, malheur à eux. (Il va prendre son chapeau.)

MADAME LEVERDET.

Nous verrons, ma chère petite comtesse, si vous avez le

droit de recevoir, comme vous le faites, les bons conseils que l'on vous donne. (Mademoiselle Hackendorf est entrée par la gauche et de Montègre l'a rencontrée avant de sortir.)

DE MONTÈGRE, à mademoiselle Hackendorf.

J'ai été bien coupable envers vous, mademoiselle ; mais si vous saviez, j'étais si malheureux. (Il sort.)

SCÈNE III.

MADEMOISELLE HACKENDORF, MADAME LEVERDET.

MADEMOISELLE HACKENDORF.

Il est fou.

MADAME LEVERDET.

Il ne s'en faut guère.

MADEMOISELLE HACKENDORF.

C'est une épidémie alors.

MADAME LEVERDET.

Pourquoi ?

MADEMOISELLE HACKENDORF.

Balbine, avec qui je suis depuis un quart-d'heure, refuse de me parler. J'ai cru qu'elle allait me battre !

MADAME LEVERDET.

Qu'est-ce que cela signifie ? La comtesse est-elle rentrée ?

MADEMOISELLE HACKENDORF.

Pas encore.

DE RYONS, entre. Après avoir salué.

M. de Montègre sort d'ici ?

MADAME LEVERDET.

Oui.

DE RYONS.

Je viens de le voir passer comme un ouragan.

MADAME LEVERDET.

Il ne vous a pas vu ?

DE RYONS.

Il ne voyait personne.

MADAME LEVERDET.

Tant pis, je crois qu'il allait chez vous.

DE RYONS.

Cette petite course ne peut que lui faire du bien. C'est un homme qui a le sang à la tête.

MADAME LEVERDET.

Vous permettez enfin que j'aille savoir des nouvelles de ma fille?

MADEMOISELLE HACKENDORF.

Allez, et tâchez aussi de savoir pourquoi elle m'en veut tant. (Madame Leverdet sort.)

SCÈNE IV.

DE RYONS, MADEMOISELLE HACKENDORF.

DE RYONS.

Elle vous en veut, parce qu'elle est jalouse de vous.

MADEMOISELLE HACKENDORF.

A quel propos ?

DE RYONS.

Je ne veux pas encore la trahir.

MADEMOISELLE HACKENDORF, après un temps.

Eh bien ?

DE RYONS.

Quoi.

MADEMOISELLE HACKENDORF.

Vous êtes aimable.

DE RYONS.

Comment ?

MADEMOISELLE HACKENDORF.

La visite que vous deviez faire à mon père ?

DE RYONS.

C'était donc sérieux ?

MADEMOISELLE HACKENDORF.

Tout ce qu'il y a de plus sérieux. Je l'avais prévenu, il vous attendait avec tous ses livres,

DE RYONS.

Et il consentait ?

MADEMOISELLE HACKENDORF.

Oui.

DE RYONS.

Quel jeu jouons-nous ?

MADEMOISELLE HACKENDORF.

Aucun jeu.

DE RYONS.

Vous accepteriez d'être ma femme?

MADEMOISELLE HACKENDORF, nettement.

J'en serais enchantée.

DE RYONS.

Et pourquoi voudriez-vous être ma femme ?

MADEMOISELLE HACKENDORF, même jeu.

Parce que vous ne ressemblez pas aux autres hommes.

DE RYONS.

Enfant gâtée ! il y a un homme, un seul parmi ceux que vous connaissez, qui n'a pas l'idée de vous épouser, qui vous dit des choses désagréables au lieu de vous faire des compliments, c'est celui-là que vous voulez !...

MADEMOISELLE HACKENDORF.

Oui ! chacun a bien le droit de chercher son bonheur où il croit le trouver.

DE RYONS.

Eh bien ! c'est impossible !

MADEMOISELLE HACKENDORF.

Alors, j'ai commis un crime?...

DE RYONS.

Vous en avez commis plusieurs.

MADEMOISELLE HACKENDORF.

Lesquels?

DE RYONS.

Vous êtes trop belle.

MADEMOISELLE HACKENDORF.

On vieillit.

DE RYONS.

Vous êtes trop riche !

MADEMOISELLE HACKENDORF.

On se ruine. Vous êtes ?...

DE RYONS.

Voilà tout.

MADEMOISELLE HACKENDORF.

Dites donc toute la vérité, puisque vous avez la réputation
de la dire toujours... Il faut être un vaniteux, un spéculateur
ou un sot pour épouser une fille aussi... célèbre que moi...
Ah çà ! qu'est-ce que c'est que cette jeune fille qu'on promène
tous les jours d'hiver et de printemps au bois de Boulogne,
dans une calèche découverte, à côté d'un vieux monsieur
qui a l'air de dire à tout le monde : Regardez donc ma fille
comme elle est bien mise et comme elle est belle ; qu'on
rentre dès qu'il fait nuit, parce qu'on ne la voit plus et pour
qu'elle ne s'abîme pas, qu'on habille ensuite un peu plus, ou
un peu moins, si vous voulez, et qu'on transporte dans ses
éternelles loges de l'Opéra ou des Italiens, d'où elle entend
Il Trovatore ou le *Trouvère*, et qu'on retrouve l'été à Bade où
elle balance la renommée de Franc-Picard et de la Toucques.
Comment ! vous ne la connaissez pas ? c'est la belle mademoiselle Hackendorf, un des plus riches partis de l'Europe...
Mais pourquoi ne se marie-t-elle pas ? elle n'est plus toute
jeune. Elle a bien vingt-deux ans. Il doit y avoir quelque
chose. Est-elle aussi riche qu'on le dit ? Est-ce que son père
n'a pas fait faillite dans son pays ? On prétend qu'elle a eu
une passion pour quelqu'un qui ne pouvait pas l'épouser...
Qu'elle y prenne garde, elle va devenir parfaitement ridicule
avec ses toilettes excentriques, son attelage à quatre, ses deux
millions de dot en actions sur la Banque et en consolidés...
Savez-vous à qui elle ressemble ?.. A cette belle poupée méca-
nique qui est en montre dans un magasin du boulevard avec
cette annonce : « Je dis papa, je dis maman ! je ne coûte que
cinq cents francs. » Tout le monde l'admire... personne ne
l'achète... Joli joujou... mais trop connu. On n'ose plus l'of-
frir à personne, et les voleurs eux-mêmes ne pensent plus à
le voler.

DE RYONS.

Il y a du vrai.

MADEMOISELLE HACKENDORF.

Voilà ce qu'on dit, n'est-ce pas ?.. Voilà ce que vous avez
dit vous-même, on me l'a répété, et un homme qui respecte
son nom ne le jette pas dans tout ce bruit... Ce serait cependant une bonne action, car cette fille est une honnête fille et

elle ne demande qu'à être une honnête femme , si elle trouve
un mari intelligent qui la comprenne et la domine.... Sacri-
fiez-vous... Épousez-moi...

DE RYONS.

Je ne puis pas me marier.

MADEMOISELLE HACKENDORF, avec un soupir.

Dites-moi au moins que vous aimez quelqu'un.

DE RYONS.

Oui, j'aime quelqu'un.

MADEMOISELLE HACKENDORF, avec un soupir..

Alors... M. de Chantrin?..

DE RYONS.

C'est un homme du monde et vous serez marquise.

MADEMOISELLE HACKENDORF.

Je ne mérite pas davantage, c'est bien.

DE RYONS.

Seulement, mettez son amour à l'épreuve.

MADEMOISELLE HACKENDORF.

Comment ?..

DE RYONS.

Quand M. de Chantrin connaîtra-t-il son bonheur?

MADEMOISELLE HACKENDORF.

Aujourd'hui même... mon père doit lui donner réponse
dans une heure.

DE RYONS.

Exigez de lui qu'il coupe sa barbe.

MADEMOISELLE HACKENDORF.

Voilà tout ce que vous avez trouvé à me dire... Adieu... (Il
la regarde. Elle essuie ses yeux.) Eh bien... oui, c'est une larme...
(Elle sort.)

SCÈNE III.

DE RYONS, seul, puis JANE.

DE RYONS.

Une larme!.. Ah! çà?.. Est-ce que les femmes vaudraient
mieux que nous? (A Jane qui entre émue.) Qu'avez-vous?

JANE.

J'attendais impatiemment que vous fussiez seul.

DE RYONS.

S'est-il donc passé pendant votre voyage quelque chose de grave ?

JANE.

Non... J'ai vu ce que je voulais voir... Dites, n'avez-vous parlé de moi à personne, à madame Leverdet, par exemple ?

DE RYONS.

Non... excepté ce que je vous ai dit devant elle hier.

JANE.

A propos de Strasbourg ?

DE RYONS.

Oui.

JANE.

Et de M. de Montègre, il n'a pas été question entre elle et vous ?..

DE RYONS.

Jamais.

JANE.

Alors, ce qu'elle sait de lui et de moi...

DE RYONS.

Elle sait donc quelque chose?

JANE.

Elle sait tout... heureusement que ce tout n'est rien.

DE RYONS.

Elle le tient de lui... qui n'a pas de secret pour elle.. Elle a dû être son premier amour. Elle a fait de la vertu avec vous.

JANE.

Elle m'a donné à entendre qu'elle ne voulait dans sa maison que des femmes irréprochables.

DE RYONS.

Comment va-t-elle faire pour rentrer chez elle?

JANE.

Ainsi, vous croyez que c'est M. de Montègre qui a fait à cette femme des confidences sur moi?..

DE RYONS.

Évidemment,

JANE.

Oh! quel homme serait-ce donc?

JOSEPH, annonçant.

Monsieur de Montègre.

DE RYONS.

Vous allez le savoir.

SCÈNE IV.

LES MÊMES, DE MONTÈGRE.

DE MONTÈGRE.

Je sors de chez vous, mon cher monsieur de Ryons, je voulais vous entretenir un moment.

DE RYONS.

Je vais vous attendre où vous voudrez.

DE MONTÈGRE.

Mais cette explication peut avoir lieu ici... Madame n'est pas de trop... car il s'agit d'elle.

JANE.

De moi?

DE MONTÈGRE.

Oui, madame... et puisque vous avez initié M. de Ryons à vos secrets, autant que nous nous expliquions franchement les uns devant les autres.

JANE.

Soit!

DE MONTÈGRE.

Permettez que je m'adresse d'abord à M. de Ryons: Entre hommes les choses vont plus vite... M. de Ryons, voulez-vous me donner votre parole d'honneur qu'avant de rencontrer madame chez madame Leverdet, vous ne la connaissiez ni de nom ni de vue?..

JANE.

Je prie M. de Ryons de ne pas répondre.

DE MONTÈGRE.

Parce que?...

JANE.

Parce que je trouve la demande insultante pour moi.

DE MONTÈGRE.

Aussi, madame, n'est-ce pas à vous que je fais celle-ci.

JANE.

Mais, M. de Ryons est chez moi, et il s'agit de moi ; je crois qu'en effet le moment est venu d'une explication définitive... Veuillez donc m'interroger, moi, devant M. de Ryons, qui est mon ami, et je verrai si je dois et ce que je dois vous répondre.

DE MONTÈGRE, à demi-voix.

Vous rappelez-vous ce que vous me disiez tantôt, à cette même place ?

JANE, haut.

Je vous disais comment je comprenais l'amour et que j'adorerais l'homme qui le comprendrait de même... Vous m'avez dit que cet homme ce serait vous... J'ai voulu vous croire, vous me trompiez, je ne vous crois plus.

DE MONTÈGRE.

Pourquoi m'avez-vous trompé la première, en me disant que vous vouliez être seule, et en sortant, dès que je vous ai eu quittée !...

JANE.

Il m'a plu d'être seule, après quoi il m'a plu de sortir. Je suis absolument maîtresse de mes actions.

DE MONTÈGRE.

Où êtes-vous allée ?

JANE.

Vous le savez, puisque vous m'avez suivie !

DE MONTÈGRE.

Mais en quittant cette maison à deux entrées...

JANE.

Je ne voulais probablement pas qu'on sût où j'allais puisque j'employais ce moyen.

DE MONTÈGRE.

Eh bien ! je le sais, moi !

JANE.

Alors pourquoi le demander ?

DE MONTÈGRE.

Ne vous raillez pas de moi... vous ne savez pas qui je suis.

JANE.

Je commence à le savoir, et j'allais?...

DE MONTÈGRE.

Où peut aller une femme qui se cache sous un voile impénétrable et qui prend toutes les précautions que vous avez prises, sinon !...

JANE.

Sinon,..

DE MONTÈGRE.

Chez son amant.

JANE, a un moment d'émotion, puis, en s'éloignant de de Montègre et en jetant son gant avec un mouvement de colère, elle dit entre ses dents :

Imbécile ! (Haut.) Monsieur de Ryons, voulez-vous sonner, je vous prie. (de Ryons sonne.)

DE MONTÈGRE.

Que faites-vous ? (Le domestique entre.)

JANE.

Vous m'excuserez, monsieur de Montègre, il faut que je sorte... (A Joseph.) Dites qu'on attelle.

DE MONTÈGRE, à de Ryons.

Venez-vous avec moi, monsieur de Ryons?

JANE.

Restez, monsieur de Ryons, je vous prie.

DE MONTÈGRE.

Adieu, madame.

JANE.

Adieu, monsieur. (Il sort.)

SCÈNE VII.

DE RYONS, près de la cheminée, JANE, à l'autre bout du salon.

DE RYONS, à lui-même.

Nous allons voir si j'ai deviné cette femme.

JANE, fiévreuse.

Alors, c'est ça l'amour sérieux ?

DE RYONS.

Pas autre chose. Il a un avantage, c'est de durer encore moins que les autres.

JANE, de plus en plus agitée.

L'homme qu'on épouse vous trompe... et l'homme...

DE RYONS, s'approchant d'elle.

Qu'on aime... vous insulte.

JANE, perdant peu à peu la tête.

Est-ce ainsi que vous aimeriez la dame au voile blanc ?...

DE RYONS, s'approchant encore.

Oh! non.

JANE.

Si vous la retrouviez, seriez-vous homme à lui pardonner, même ce qu'elle aurait fait pour vous ?

DE RYONS.

Il n'y a de véritable amour que celui qui commence par le pardon !

JANE.

Et consentiriez-vous à partir avec elle, à l'emmener au bout du monde, et à lui sacrifier toute votre vie ?...

DE RYONS.

Tout! pourvu que je la retrouve.

JANE.

Ramassez-moi mon gant, je vous prie... (De Ryons se baisse, et à moitié à genoux lui rend son gant. — Jane, que le dépit et la colère dominent complétement.) Thank-you, sir.

DE RYONS.

C'était vous ?

JANE.

Eh bien ! oui, c'était moi.

DE RYONS, passionnément.

Jane ! (Il lui prend la main. — Elle se recule à ce geste par un mouvement instinctif de pudeur et d'effroi. — De Ryons changeant de ton, mais affectueusement sévère.) Pourquoi me faites vous un mensonge? je ne suis jamais allé à Strasbourg! l'histoire que je vous ai racontée n'est pas vraie.

JANE, cachant son visage dans ses mains et se laissant tomber sur sa chaise.

Malheureuse !

DE RYONS, affectueux.

Ne pleurez pas, et pardonnez-moi cette épreuve que j'ai tentée et qui a réussi. Je ne vous savais pas alors si digne et si noble.

Mais maintenant je suis votre ami sincère, et je veux savoir comment une femme de votre rang peut en arriver à une situation comme celle-ci. Il doit y avoir un secret là-dessous, car vous ne m'aimez pas plus que vous n'aimez M. de Montègre. Voyons, ayez confiance. Répondez-moi.

JANE, des larmes dans la voix.

Interrogez.

DE RYONS.

Qui vous avait élevée?

JANE.

Ma mère.

DE RYONS.

Vous vous êtes mariée par amour.

JANE.

Oui.

DE RYONS.

Votre mari vous aimait-il?

JANE.

Il le disait du moins...

DE RYONS.

Il ne mentait pas, vous êtes de celles qu'on aime. Pourquoi l'avez-vous quitté?

JANE.

Parce que j'ai eu la preuve qu'il me trompait...

DE RYONS.

Pour qui?

JANE, après un effort.

Pour ma femme de chambre.

DE RYONS.

Après combien de temps de mariage?

JANE.

Après un mois.

DE RYONS.

Quelle excuse avait-il?

JANE, avec fierté.

Aucune.

DE RYONS.

Si l'on n'a pas, on croit avoir une excuse dans toutes les erreurs de la vie... Quelle était la sienne? Le moment est

9

venu de tout me dire. Parlez, si vous voulez que je vous aide
à voir clair dans votre propre cœur. Voyons.

JANE, avec une émotion croissante.

Ah! vous ne savez pas ce que c'est qu'une jeune fille élevée comme je l'étais. Elle entend parler du mariage sans se
faire la moindre idée de sa signification véritable. Elle n'y
voit que l'union de deux personnes qui, s'aimant bien, veulent passer leur vie ensemble comme font son père et sa mère,
qui se disent vous et ne s'embrassent même pas devant elle.
Elle associe à cette union la campagne, les voyages, le désir
d'être élégante, l'orgueil d'être appelée madame. Un jour,
elle rencontre un homme jeune qui s'occupe d'elle plus que
des autres jeunes filles, qui lui révèle ainsi qu'elle est une
femme en âge d'être aimée. C'est le premier dont elle n'ait
pas envie de rire. Son cœur bat. Cet homme la demande à sa
mère, il est agréé; il peut faire sa cour. La nature, la poésie,
la musique, les fleurs, deviennent leurs intermédiaires; de
temps en temps un sourire, un serrement de main; le soir,
une rêverie douce, la nuit un songe chaste, l'Idéal, toujours
l'Idéal. Enfin, après une cérémonie religieuse, où les anges
eux-mêmes semblent lui faire fête, l'enfant pieuse, roma-
nesque, ignorante, se trouve livrée à cet homme qui sait ce
que c'est que l'amour, lui. Que vont devenir les pudeurs, les
rêves, les chastetés de la jeune fille, en retombant du ciel sur
la terre? Beaucoup de femmes ferment les yeux et se réfu-
gient dans la maternité. Celles-là sont les fortes âmes, trem-
pées aux sources vives de la nature; car, enfin, nous n'avons
pas à discuter l'œuvre de Dieu; mais il en est qui s'épouvan-
tent, se révoltent, et tous les sentiments dont on les a forti-
fiées jusqu'alors, viennent se grouper autour d'elles et les dé-
fendre contre la réalité. Le mari orgueilleux et impatient en
sa qualité d'homme, va porter, à la première créature venue,
cet amour que l'épouse avait jugé indigne d'elle, et dont
elle devient jalouse, cependant, parce qu'elle n'est qu'une
femme. Alors, elle retourne à sa mère, sa vie est brisée, et
le monde la regarde avec étonnement, la suit avec doute, la
calomnie peu à peu et la repousse enfin, car nul n'a le droit
de ne pas être semblable aux autres.

DE RYONS, qui a écouté avec étonnement, puis avec émotion.

Et depuis votre séparation?

JANE.

J'ai voyagé, j'ai étudié, j'ai prié, souffert, j'ai demandé se-
cours à toutes les choses du bien, puis je me suis découragée;
j'ai voulu aimer!

DE RYONS.

Et vous avez cru que M. de Montègre vous comprendrait?

JANE.

Oui.

DE RYONS.

Le visiteur de ce matin, c'était M. de Simerose?

JANE.

Oui.

DE RYONS.

C'est cette visite qui vous a fait aller à Ville-d'Avray?

JANE.

Oui. Le comte est venu me demander un service.

DE RYONS.

Vous êtes allée voir un enfant.

JANE.

Comment le savez-vous?...

DE RYONS.

Vous avez pleuré en embrassant cet enfant, vous avez dit
que vous viendriez le prendre dès demain.

JANE.

Vous êtes donc entré chez cette femme quand j'ai été partie, et vous l'avez donc questionnée?

DE RYONS.

J'ai fait ce que je pensais avoir le droit de faire. Vous êtes
revenue à Paris. Vous avez trouvé madame Leverdet qui a fait
la vertueuse avec vous, M. de Montègre qui vous a insultée.
Vous avez douté du bien. Vous avez perdu la tête, et vous
vous êtes jetée dans mes bras en vous disant : Il m'aimera
peut-être en croyant en aimer une autre.

JANE.

Oui.

DE RYONS.

O femme! femme! on te rendrait le paradis que tu le per-

drais encore. Eh bien! malheureuse enfant, vous aimez votre
mari, c'est évident, et vous n'avez jamais aimé que lui!

JANE.

Peut-être est-il trop tard! Sauvez-moi.

DE RYONS.

Évidemment, il faut vous sauver.

JANE.

Vous ne me méprisez donc pas?

DE RYONS.

Vous mépriser! mais vous avez du bonheur d'être tombée
sur un vicieux comme moi. Maintenant, rappelez-vous toujours ceci : Quand on est une honnête femme, il n'y a plus
qu'une chose à faire, quoi qu'il arrive, et quoi qu'il en coûte,
c'est de rester honnête, autrement, il y a trop de gens qui
en souffrent plus tard.

JANE.

A quoi pensez-vous?

DE RYONS, passant la main sur son front.

Je pense à ma mère, qui m'a abandonné quand j'avais
deux ans, et à mon père qui en est mort. Voilà mon secret
à moi. Enfin! Je ferai pour vous ce qu'il aurait fallu qu'on
fît pour elle, et je vais vous sauver, quoique ce ne soit pas
facile.

JANE.

Comment cela. Il faut seulement empêcher M. de Simerose
de partir demain, je n'ai plus d'orgueil, je vais aller le
trouver.

DE RYONS.

Et lui?

JANE.

Qui lui?

DE RYONS.

Toute la femme est là! M. de Montègre, l'homme de la
montagne, l'homme à l'amour pur; elle ne se le rappelle déjà
plus.

JANE.

Je ne l'aime pas... je ne l'ai jamais aimé! Que m'importe
M. de Montègre!

DE RYONS.

Parfait! Mais lui, il croit qu'il vous aime!... Pour vous le prouver, hier il se serait tué! pour vous le prouver, demain il tuera votre mari, s'il le sait aimé de vous.

JANE.

Ah! mon Dieu!...

DE RYONS.

Lui avez-vous écrit beaucoup de lettres?

JANE.

Une seule! Celle que vous lui avez remise.

DE RYONS.

Et qui contient?

JANE.

Ces deux seuls mots : « Venez demain, je ne demande qu'à vous croire. »

DE RYONS.

Signée?

JANE.

Signée.

DE RYONS.

Autorisez-moi à la lui redemander.

JANE.

Je vous y autorise.

DE RYONS.

Vous devez aller, ce soir, chez Madame Leverdet?

JANE.

Je comptais ne pas y aller après cette scène.

DE RYONS.

Allez-y, et ne vous étonnez en rien de ce que vous dira M. de Montègre. Il faudra peut-être mentir. Ce sera votre châtiment! mais acceptez tous les soupçons, toutes les accusations. Je serai là.

JANE.

Je ne comprends pas; je me fie aveuglément à vous.

DE RYONS.

Et vous faites bien! Regardez-moi en face!... (Elle le regarde.) Et moi qui n'avais rien lu dans ce grand œil là! (Il lui baise la main avec le plus grand respect.) On vous sauvera... mademoiselle!

ACTE CINQUIÈME

Chez madame Leverdet. — Même décor qu'au premier acte

—

SCÈNE PREMIÈRE.

LEVERDET, MADAME LEVERDET, puis BALBINE.

LEVERDET, entrant.

Voilà qui est fait... je lis mon rapport, demain, à l'Académie. (A madame Leverdet, qui entre.) Mais je suis fatigué... L'enfant est-elle revenue?

MADAME LEVERDET.

Oui... j'ai été la reprendre.

LEVERDET.

Elle va tout à fait bien?

MADAME LEVERDET.

L'esprit est malade...

LEVERDET.

Qu'arrive-t-il?

MADAME LEVERDET, lui donnant une lettre.

Lisez!

LEVERDET.

De qui est cette lettre?

MADAME LEVERDET.

De votre fille.

LEVERDET.

A qui écrit-elle?

MADAME LEVERDET.

A nous.

LEVERDET.

Elle ne sait donc plus parler? Est-ce que notre fille serait muette, comme dans *le Médecin malgré lui?...*

MADAME LEVERDET.

Lisez!

LEVERDET.

« Mes chers parents, pardonnez à votre fille le chagrin
qu'elle va vous caus*é*. » Causer sans *r*, je la reconnais bien
là!... « Mais elle ne peut vous cacher plus longtemps la résolution qu'elle a prise.... Je suis lasse du monde et de ses
vains plaisirs, j'en ai fait hier encore la douloureuse expé-
ri*a*nce... » Expérience avec un *a*. Si elle est jamais en état de
passer ses examens, mademoiselle Balbine, cela m'étonnera
fort. Je n'ai pas de bonheur avec mes élèves. « Je veux consa-
crer ma vie à la retraite et au soulagement de mes semblables
et des autres. Je vous prierai donc de me permettre d'entrer
dans un couvent. C'est sœur de charité que je veux être. —
Je vous serai bien reconnaissante de m'y faire conduire le
plus tôt possible, afin que je puisse prier Dieu tout de suite
pour vous, mes bons parents, et qu'il vous réunisse au paradis avec votre fille respectueuse : BALBINE. » Eh bien!
qu'est-ce que vous lui avez dit?

MADAME LEVERDET.

Je lui ai dit qu'elle était folle.

LEVERDET.

Pourquoi cela?

MADAME LEVERDET.

Parce qu'elle l'est!... Qu'est-ce qui lui trouble ainsi la cervelle?

LEVERDET.

Ce n'est pas aussi fou que vous croyez.

MADAME LEVERDET.

Alors, vous consentez à ce qu'elle veut?

LEVERDET.

Parfaitement!

MADAME LEVERDET.

Mais moi, je m'y oppose.

LEVERDET.

De quel droit, chère amie?

MADAME LEVERDET.

Du droit, que je suis sa mère.

LEVERDET.

Et moi ! Suis-je son père? dites-le...

MADAME LEVERDET.

Oui.

LEVERDET.

Je voulais vous le faire dire. Eh bien ! le bonheur que l'on donne à ses enfants est la seule excuse que l'on ait de les avoir mis au monde. Le bonheur de Balbine consiste à entrer dans un couvent; faisons son bonheur et surtout faisons-le vite, parce que je ne suis plus jeune et que j'ai beaucoup à travailler. Le jour où elle changera d'avis, nous la ramènerons à la maison paternelle; si elle n'en change pas, eh bien ! elle sera religieuse. Il y a des religieuses, donc il y a des femmes qui ont la vocation. Balbine est peut-être de celles-là. Attendez jusqu'à demain, puisque vous avez du monde à dîner aujourd'hui, et d'ailleurs, il faut consulter notre ami des Targettes, qui est son parrain et qui est presque de la famille.

MADAME LEVERDET.

M. des Targettes ne viendra peut-être pas.

LEVERDET.

Oui. Au fait, il trouve que l'on mange mal ici ; il a raison. Pourquoi vous obstinez-vous à garder cette cuisinière... puisqu'il vous prie de la changer et qu'il vous en recommande une. Il m'a parlé de ça hier. Quand on a des amis de vingt ans, on peut bien faire quelque chose pour eux.

MADAME LEVERDET.

Je ne puis pourtant pas bouleverser ma maison pour M. des Targettes. Du reste, qu'il garde pour lui sa cuisinière, puisqu'il va partir et se marier, il en aura besoin.

LEVERDET.

C'est encore vous qui lui avez mis en tête l'idée du mariage. Quelle manie vous avez de marier les gens... Se marier, à son âge! il fallait le marier quand il était jeune, aujourd'hui, il est trop tard. J'ai un ami, un excellent ami, qui me fait mon bézigue le soir, quand je suis trop fatigué... ou qui vous accompagne au spectacle quand j'ai un travail pressé à faire... Et vous voulez me priver de cet ami... Il épousera une jeune femme, je le connais... qui le promènera par monts et par vaux, et moi, qu'est-ce que je deviendrai pendant ce temps-là!

Je n'ai plus le temps d'en dresser un autre. Il lui faut une famille. Eh bien! soyons sa famille; qui nous empêche, puisqu'il a peur de la solitude, de lui faire bâtir un petit pavillon
au bout du parc, avec une entrée particulière pour qu'il
puisse recevoir qui bon lui semble, puisqu'il est encore
galant, dit-on... Il prendra ses repas avec nous... il nous
donnera ses soirées, et au moins, s'il est malade, nous serons
là pour le soigner.

MADAME LEVERDET.

Vous rêvez.

LEVERDET.

Jamais à cette heure-ci.

MADAME LEVERDET.

Et que dira-t-on?

LEVERDET.

Qu'est-ce que vous voulez qu'on dise?

MADAME LEVERDET.

M. des Targettes est le parrain de Balbine.

LEVERDET.

Après?

MADAME LEVERDET.

Il a soixante mille livres de rentes.

LEVERDET.

C'est son droit. Il ne les a pas gagnées.

MADAME LEVERDET.

On dira que nous l'accaparons.

LEVERDET.

Pour...

MADAME LEVERDET.

Pour qu'il fasse Balbine son héritière.

LEVERDET.

Il sait bien que nous n'accepterons pas un sou de sa fortune
et que nous n'en avons pas besoin; et si vous ne craignez
que ça, qu'on fasse venir les maçons. Enfin, je le verrai aujourd'hui; c'est chose à débattre entre nous. Avez-vous bien
remercié la comtesse?

MADAME LEVERDET.

Oui!

LEVERDET.

Elle a été excellente pour Balbine. C'est une charmante petite femme, que j'adore, moi !

MADAME LEVERDET.

Je n'ai pas de bonheur avec vous aujourd'hui.

LEVERDET.

Parce que ?...

MADAME LEVERDET.

Nous ne sommes du même avis sur rien.

LEVERDET.

Vous n'êtes pas de mon avis sur la comtesse ?

MADAME LEVERDET.

Non.

LEVERDET.

Qu'est-ce qu'elle vous a fait ?

MADAME LEVERDET.

La comtesse n'a pas la conduite qu'elle devrait avoir. Mon avis est qu'elle eût dû se rapprocher de son mari. Je lui en ai donné le conseil, qu'elle n'a pas cru devoir suivre, et je connais les raisons de son refus. Comme je ne veux pas prêter les mains à ses erreurs, comme je ne veux pas que ma maison serve à des rencontres que je désapprouve...

LEVERDET.

Quelles rencontres ? Elle aime quelqu'un ? Qu'est-ce que ça vous fait ?... Ce n'est pas une raison parce que vous êtes irréprochable pour être impitoyable. C'est à leur implacabilité qu'on reconnaît les vertus de mauvais aloi. Vous êtes une bonne épouse, vous êtes une bonne mère, soyez une bonne femme, et laissez les gens faire de leur cœur ce que bon leur semble. Cela ne nous regarde pas ; pour moi, j'aime la jeunesse et je trouve que le vent de l'amour lui donne bon visage, de quelque côté qu'il souffle.

MADAME LEVERDET.

On sait que vous avez des prétentions à la philosophie.

LEVERDET.

Je m'y exerce depuis longtemps et je pardonne facilement les erreurs humaines dont je puis souffrir, à plus forte raison celles dont je ne souffre pas. Quand il y a déjà soixante ans qu'on vit parmi les hommes et quarante ans qu'on les étudie, quand on se sent approcher tous les jours d'un dénouement inévitable, on devient indulgent. L'expérience et la philosophie qui n'aboutissent pas à l'indulgence et à la charité envers le prochain, sont deux acquisitions qui ne valent pas ce qu'elles coûtent.

LE DOMESTIQUE, entrant.

Mademoiselle demande si elle peut entrer.

LEVERDET.

Certainement, entre, Balbine; entre, ma fille. (Balbine entre avec une démarche lente et recueillie.)

SCÈNE II.

LES MÊMES, BALBINE.

LEVERDET.

Ta mère m'a communiqué ta lettre, nous accédons à tes désirs.

BALBINE.

Oh! papa! Oh! maman! Oh! mes bons parents!...

LEVERDET.

Tu es bien décidée?

BALBINE.

Oui, papa!

LEVERDET.

Tu n'auras pas de regrets?

BALBINE.

Non, papa!

LEVERDET.

Tu ne préférerais pas faire un voyage?

BALBINE.

Mais non, papa!

LEVERDET.

Ou aller deux ou trois fois au spectacle?

BALBINE, choquée.

Oh! papa, non, je le sens, Dieu m'appelle.

LEVERDET.

Eh bien, il ne faut pas le faire attendre. Prépare toutes

tes affaires ce soir, et demain matin ta mère te conduira au couvent.

BALBINE.

Merci, papa !

LEVERDET.

C'est bien sœur de charité que tu veux être?

BALBINE.

Oui, papa... celles qui ont de grands bonnets.

LEVERDET.

C'est convenu. Tu dîneras à table aujourd'hui pour la dernière fois ; en attendant, va te recueillir.

LE DOMESTIQUE, annonçant.

Monsieur de Ryons !

DE RYONS, entrant, à Balbine.

Vous avez envoyé votre lettre, mademoiselle ?

BALBINE.

Oui, monsieur.

MADAME LEVERDET.

Vous savez ce qu'elle contenait ?...

DE RYONS.

Je m'en doutais, d'après la conversation que j'avais eue avec mademoiselle... C'est une vocation.

BALBINE.

Oui.

LEVERDET.

Tu prieras pour lui?

BALBINE.

Oui, papa ; oui, monsieur.

DE RYONS.

Cela vous occupera beaucoup, mademoiselle, car je suis un grand pécheur. (A madame Leverdet.) Je vous demande pardon, chère madame, d'arriver d'aussi bonne heure pour dîner chez vous ; mais j'ai absolument besoin de causer avec M. Leverdet.

MADAME LEVERDET.

Nous vous laions. (Madame Leverdet et Balbine sortent.)

SCÈNE III.

LEVERDET, DE RYONS.

LEVERDET.

De quoi s'agit-il ?

DE RYONS.

De madame de Simerose.

LEVERDET.

A qui vous avez fait votre cour, hier, mauvais sujet.

DE RYONS.

Elle n'est pas de celles à qui je puis faire la cour.

LEVERDET.

C'est une honnête femme, n'est-ce pas ?

DE RYONS.

C'est pis que ça ; ce qui ne l'empêche pas de courir un
danger. Je suis sûr qu'elle peut compter sur vous, n'est-ce
pas, mon cher maître ?

LEVERDET.

Dites.

DE RYONS.

Madame Leverdet est aussi une femme excellente ; mais
elle a déjà pris un peu parti contre dans la question, et nous
manquerions peut-être de temps pour la convaincre. En
deux mots, madame de Simerose aime son mari, elle ne demande qu'à rentrer sous le toit conjugal ; elle est digne de
toute l'estime et de tout l'amour du comte... mais...

LEVERDET.

Mais ?

DE RYONS.

Il y a toujours un mais avec les femmes ; mais elle a pris
le plus long pour en arriver là, et elle a eu l'imprudence
d'écrire une lettre compromettante à un autre homme.

LEVERDET.

Ce n'est pas là une grande affaire.

DE RYONS.

Aussi n'est-ce pas l'affaire qui m'inquiète, mais l'homme.

LEVERDET.

Qu'est-ce qu'il a donc de particulier?

DE RYONS.

C'est un monsieur organisé de telle façon que, quand la passion le domine... il n'y a pas moyen de lui faire entendre raison, et elle le domine toujours. Il est éternellement amoureux, tantôt de l'une, tantôt de l'autre, mais toujours au même degré.

LEVERDET.

Comme l'alcool, qui ne gèle jamais.

DE RYONS.

Voilà. Il n'avait ni la jeunesse, ni la beauté, ni l'esprit, ni l'élégance de M. de Simerose, mais il avait l'occasion...

LEVERDET.

Et il n'était pas le mari.

DE RYONS.

Parfaitement raisonné. Il appartient en outre à cette race d'hommes qui ont la faculté d'arpenter les routes, de passer des nuits sous les fenêtres, de vivre sans manger, d'être toujours prêts à se faire sauter la cervelle et à tuer tout le monde.

LEVERDET.

Tempérament bilieux... le foie trop gros, il faut les envoyer à Vichy.

DE RYONS.

Madame de Simerose est tombée sur un de ces hommes-là.

LEVERDET.

M. de Montègre.

DE RYONS.

Vous le saviez...

LEVERDET.

Madame Leverdet m'en a touché deux mots.

DE RYONS.

Ce qui rend la situation délicate, c'est qu'il n'a pas été l'amant de la comtesse... Il ne reste donc pas même une consolation à sa vanité. Et il y a une heure qu'on l'a mis à la porte, et devant moi encore. Il est parti furieux et il doit ruminer sa vengeance... Ceci est un problème... Cela vous regarde, puisque vous êtes un savant... Étant donné dans une situation de : un mari qui aime sa femme, une femme qui aime son mari, séparés l'un de l'autre, et un amant, qui s'est cru aimé de cette femme, comment ramener dans sa maison ce mari qui va partir, se débarrasser de l'amant qui ne veut

pas s'en aller, et sauver le cœur et l'honneur de la femme,
tout cela en deux heures?

LEVERDET.

C'est une règle de trois.

DE RYONS.

Composée. Eh bien, j'ai entrepris la solution de ce problème.

LEVERDET.

Ah! çà, vous êtes donc bon ?

DE RYONS.

Il n'y a que les niais qui ne sont pas bons. Et j'ai compté
sur vous.

LEVERDET.

Voyons, que faut-il faire?

DE RYONS.

Il me faut d'abord le Simerose !

LEVERDET.

Il va justement venir chercher des notes que je lui ai pro-
mises pour son voyage.

DE RYONS.

Vous tâcherez qu'il ne se rencontre pas avec le Montègre.

LEVERDET.

Naturellement.

DE RYONS.

Vous me le garderez dans votre cabinet jusqu'à ce qu'on
vienne lui apporter une lettre de la part de sa femme.

LEVERDET.

Bien !...

DE RYONS.

Quand la comtesse arrivera, qu'elle ignore la présence de
son mari dans la maison et qu'on la fasse entrer ici.

LEVERDET.

J'ai envie d'écrire tout ça...

DE RYONS.

Ensuite... Quand M. de Montègre arrivera... on me le fera
entrer ici... pour moi tout seul.

LEVERDET.

Carter et son lion...

DE RYONS.

Voilà. Et pour vous récompenser de toutes vos peines,

j'empêcherai votre fille d'entrer au couvent... et je la gué-
rirai...

LEVERDET.

De quoi?

DE RYONS.

De son amour...

LEVERDET.

Comment! elle est amoureuse aussi, elle?

DE RYONS.

Parfaitement...

LEVERDET.

Et de qui?

DE RYONS.

D'un sot, comme il convient à son âge... Mais pour ça,
j'ai déjà pris mes précautions.

LEVERDET.

Ah! je comprends que toutes ces intrigues-là vous inté-
ressent.

DE RYONS.

Ce sont les échecs vivants... Seulement les fous dominent.

LE DOMESTIQUE, annonçant.

Monsieur de Montègre.

DE RYONS.

Passez par ici et ne perdez pas de temps... (Leverdet sort.)

SCÈNE IV.

DE RYONS, DE MONTÈGRE.

DE MONTÈGRE.

Monsieur de Ryons, est-ce en ami que je dois vous abor-
der?

DE RYONS.

En ami de la veille... Mais nous avons l'avenir pour nous.

DE MONTÈGRE.

Alors, jusqu'à nouvel ordre, de cette amitié, si récente
qu'elle soit, je suis autorisé à vous demander la preuve que
je vous demandais il y a deux heures chez madame de Simerose... et qu'elle vous a empêché de me donner.

DE RYONS.

Parfaitement...

10

DE MONTÉGRE.

Dites-moi donc, depuis quand vous connaissez madame de Simerose...

DE RYONS.

Depuis hier. Je lui ai été présenté ici...

DE MONTÉGRE.

Vous ne l'aviez jamais vue auparavant?

DE RYONS.

Jamais...

DE MONTÉGRE.

Vous n'aviez pas entendu parler d'elle ?

DE RYONS.

Pas davantage.

DE MONTÉGRE.

Nous sommes deux hommes d'honneur... n'est-ce pas ? Tout cela est sérieux...

DE RYONS.

Tout ce qu'il y a de plus sérieux...

DE MONTÉGRE.

Qu'est-ce que c'était alors que cette allusion faite à un voyage à Strasbourg?...

DE RYONS.

C'est madame Leverdet qui vous a raconté cela?...

DE MONTÉGRE.

Oui...

DE RYONS.

C'était une plaisanterie...

DE MONTÉGRE.

Pas autre chose?...

DE RYONS.

Pas autre chose...

DE MONTÉGRE.

Mais maintenant, vous avez fait plus ample connaissance avec la comtesse ?

DE RYONS.

Oui...

DE MONTÉGRE.

Et vous êtes son ami...

DE RYONS.

Son ami de la veille...

DE MONTÈGRE.

Vous avez probablement plus d'amitié pour elle que pour moi?...

DE RYONS.

Je ne demande pas mieux que d'en avoir autant pour l'un que pour l'autre...

DE MONTÈGRE.

Vous avez reçu ses confidences?...

DE RYONS.

J'ai eu cet honneur...

DE MONTÈGRE.

Votre amitié pour moi va-t-elle jusqu'à me les communiquer?...

DE RYONS.

En partie... car elle m'a chargé d'une mission auprès de vous...

DE MONTÈGRE.

Qui est?...

DE RYONS.

Qui est de vous demander la lettre que je vous ai remise de sa part...

DE MONTÈGRE.

Alors, elle ne pense plus ce que contenait cette lettre... Elle ne m'aime pas?...

DE RYONS.

Il paraît.

DE MONTÈGRE.

Cela n'aura pas duré longtemps...

DE RYONS.

Shakespeare a dit : Court, comme l'amour d'une femme...

DE MONTÈGRE.

Et elle en aime un autre.

DE RYONS.

Quand une femme n'aime plus celui-ci, c'est qu'elle aime celui-là.

DE MONTÈGRE.

Et celui-là... elle l'aimait sans doute avant de me rencontrer?...

DE RYONS.

Je le crois.

DE MONTÉGRE.

C'est à cause de lui qu'elle a quitté la France.

DE RYONS.

Probablement.

DE MONTÉGRE.

Pourquoi, moi, alors?...

DE RYONS.

Elle se croyait abandonnée et trahie... elle tâchait d'oublier avec vous.

DE MONTÉGRE.

Et vous connaissez cet homme?

DE RYONS.

De vue...

DE MONTÉGRE.

Et de nom?...

DE RYONS.

Et de nom.

DE MONTÉGRE.

Vous êtes son ami sans doute?...

DE RYONS.

Son ami... de la veille...

DE MONTÉGRE.

Vous ne pouvez pas le nommer?..

DE RYONS.

Cela m'est défendu...

DE MONTÉGRE.

Par?..

DE RYONS.

Par la plus simple prudence.

DE MONTÉGRE.

Je le connaîtrai...

DE RYONS.

Cela vous sera difficile.

DE MONTÉGRE.

Je m'attacherai aux pas de la comtesse, et je la suivrai comme son ombre...

DE RYONS.

Vous perdrez votre temps.

DE MONTÉGRE.

Nous verrons...

DE RYONS.

Elle n'ira pas chez lui.

DE MONTÈGRE.

Il viendra chez elle...

DE RYONS.

Pas davantage.

DE MONTÉGRE.

Ils ne se verront pas, alors, cela me suffit.

DE RYONS.

Ils s'écriront jusqu'au moment où la comtesse pourra le rejoindre... sa mère les aidera...

DE MONTÈGRE.

Sa mère?..

DE RYONS.

Elle aime sa fille... elle fera tout pour son bonheur... En somme, vous n'avez pas de droits sur la comtesse et lui en a.

DE MONTÈGRE.

Vous en êtes sûr?..

DE RYONS.

Tout ce qu'il y a de plus sûr... une fois le mari parti, car c'est lui qui est à craindre et non pas vous, elle sera toute à son amour... Ah! si c'était le mari qui voulût s'y opposer... ce serait autre chose... Le mari est le mari... quoi qu'on fasse... et si elle lui eût seulement dit ou écrit comme à vous un mot d'espoir, il ne la quitterait plus, le mari! et il faudrait bien que l'autre cédât la place... mais loin de lui avoir donné de l'espoir... elle le déteste... et redouterait comme la mort de vivre avec lui. Voyons, faites bien les choses... laissez tous ces gens-là tranquilles et rendez-moi cette lettre...

DE MONTÉGRE.

Non... Quand part-il, le mari?..

DE RYONS.

Ce soir... ou demain. Non, ce soir.

DE MONTÉGRE.

Vous en êtes sûr?..

DE RYONS.

C'est M. Leverdet qui me l'a dit tout à l'heure, en m'apprenant que M. de Simerose allait venir lui dire adieu.

DE MONTÈGRE.

M. de Simerose va venir?..

DE RYONS.

Il doit être là.

DE MONTÈGRE.

Il ne pouvait pas mieux arriver...

DE RYONS.

Que voulez-vous dire ?..

DE MONTÈGRE, riant nerveusement.

Ah ! ah ! Ce sera la meilleure vengeance.

DE RYONS.

Où allez-vous?..

DE MONTÈGRE.

Vous le saurez bientôt...

DE RYONS.

Vous m'effrayez, et la lettre?..

DE MONTÈGRE.

Elle sera rendue à la comtesse.

DE RYONS.

Par qui ?

DE MONTÈGRE.

Par quelqu'un que j'en vais charger...

LE DOMESTIQUE, annonçant.

Madame la comtesse de Simerose.

DE RYONS.

Souvenez-vous que c'est une femme... (Entre Jane.)

SCÈNE V.

LES MÊMES, JANE.

DE MONTÈGRE, à Jane.

Vous savez tout ce que vient de me dire M. de Ryons?...

JANE.

Oui.

DE MONTÈGRE.

Vous n'en rétractez rien ?

JANE.

Rien.

DE MONTÈGRE.

Vous ne m'aimez plus?

JANE.

Je ne vous ai jamais aimé.

DE MONTÈGRE.

Et vous aimez un autre homme ?

JANE.

Je l'aime...

DE MONTÈGRE.

M. de Simerose est là, madame, vous le savez...

JANE.

Eh bien, monsieur ?

DE MONTÈGRE.

Eh bien, ce sera lui qui me vengera de vous. Ne vous en prenez qu'à vous-même, madame, de ce qui va arriver.

DE RYONS.

Qu'allez-vous faire ?

DE MONTÈGRE.

Vous le verrez. (Il sort.)

JANE.

Où va-t-il ?

DE RYONS.

Il va vous faire du mal, puisqu'il vous aime.

JANE.

Comment ?...

DE RYONS.

En brûlant ses vaisseaux, ce qui fait qu'il ne pourra plus revenir.

JANE.

Je me suis fiée à vous.

DE RYONS.

Et vous avez eu raison. Vous allez voir ce qu'il y a au fond de toutes ces grandes passions qui poursuivent une femme mariée. Quand vous l'aurez vu, vous pourrez le dire à d'autres.

JANE, se rapprochant de De Ryons.

On ouvre cette porte... Je tremble...

DE RYONS.

Ne craignez rien. (Gaiement et sincèrement.) S'il le faut, on le tuera.

SCÈNE IV.

LES MÊMES, DES TARGETTES, BALBINE, puis LEVER-DET, DE CHANTRIN, MADAME LEVERDET, DE SIMEROSE ET DE MONTÈGRE.

DES TARGETTES, entrant avec Balbine.

Bonjour, comtesse ! Vous paraissez souffrante.

JANE.

Non, je vais bien, je vous remercie.

DE RYONS.

Votre malle est-elle faite? Partons-nous demain?

DES TARGETTES.

Leverdet m'a prié de rester pour essayer une cuisinière.

DE RYONS, à part.

Pauvre madame Leverdet! elle ne s'en débarrassera pas.
(Leverdet entre.)

DE RYONS, à Leverdet.

Eh bien, quoi de nouveau?

LEVERDET.

Beaucoup de nouveau... On vient d'apporter une lettre à
M. de Simerose.

DE RYONS.

Qui l'a apportée?

LEVERDET.

Un domestique.

DE RYONS.

De la part de qui?

LEVERDET.

De la part de la comtesse.

JANE.

De ma part!

DE RYONS, joyeux.

Très-bien. Qu'a dit le comte?

LEVERDET.

Il a paru fort surpris. Il s'est levé... et il a pris congé de
moi à la hâte.

DE RYONS.

A merveille.

LEVERDET, voyant entrer de Chantrin sans barbe ni moustache.

Quel est ce monsieur?...

DE CHANTRIN.

Mon cher maître...

LEVERDET.

Comment, c'est vous?...

DE CHANTRIN.

Comtesse...

JANE.

Monsieur...

LEVERDET.

Qu'est-ce que c'est que cette figure-là?...

DE CHANTRIN, à Leverdet et à Jane.

C'est un sacrifice à l'amour ; j'ai coupé ma barbe, j'ai même failli me couper la tête... et je venais vous annoncer à vous, mon cher maître, et à madame Leverdet que j'aime presqu'autant que ma mère, que ses excellentes démarches ont enfin obtenu un heureux résultat. J'épouse mademoiselle Hackendorff. C'est décidé depuis une heure. Elle m'a même chargé de l'excuser si elle ne vient pas. Elle est un peu souffrante.

LEVERDET, à part.

On le serait à moins...

DE RYONS, à Jane.

Riez donc un peu, c'est toujours ça de pris.

JANE.

Je n'ai pas envie de rire.

DE RYONS, à Jane.

Le grotesque à côté du sérieux. C'est pourtant là toute la vie.

MADAME LEVERDET, entrant, à Jane.

Enfin... vous avez entendu raison, chère enfant... et j'en suis bien heureuse... moi qui vous ai toujours aimée et défendue...

JANE.

Comment cela?... (De Simerose entre.)

DE RYONS.

Votre mari.

DE SIMEROSE, s'approchant de Jane.

Fallait-il absolument, Jane, attendre à demain?...

JANE.

Pourquoi?...

DE SIMEROSE, lui tendant la lettre qu'elle a écrite à de Montègre.

Vous m'avez écrit : venez demain. Je ne demande qu'à vous

croire... Pouvais-je résister au désir de vous revoir vingt-quatre heures plus tôt?

JANE, à part et avec joie.

Ma lettre !

DE RYONS, à de Montègre, qui est entré un peu après de Simerose.

Vous avez envoyé la lettre au mari, comme si elle lui était adressée?...

DE MONTÈGRE.

Oui...

DE RYONS.

Vous êtes cruel...

DE MONTÈGRE.

Elle ne sera pas à moi, soit, mais elle ne sera pas à l'autre... (Il sort.)

DE RYONS.

Il croit se venger et il la sauve...

BALBINE, entrant.

Papa, vous êtes servi...

DE CHANTRIN, à Balbine.

Mademoiselle...

BALBINE.

Monsieur...(A son père.) Qu'est-ce que c'est que ce monsieur?...

DE RYONS.

C'est M. de Chantrin.

BALBINE.

Ah ! ah! qu'il est drôle... (Elle rit aux éclats, sans pouvoir s'arrêter. Elle s'en va dans le jardin, on l'entend rire encore.)

DE RYONS.

Guérie! ce n'est pas plus difficile que ça...Voilà comme l'amour tient dans un cœur de quinze ans...

LEVERDET, à de Ryons.

Vous êtes décidément très-fort, vous.

DE RYONS.

Oui, mais je ne suis pas heureux. (Avec un soupir.) Allons dîner! (Jane et son mari restent les derniers en scène.)

JANE, à de Simerose.

J'ai été à Ville-d'Avray. Demain, cet enfant sera près de vous et nous quitterons la France.

DE SIMEROSE.

Que vous êtes bonne! Allons, maintenant que nous sommes seuls, dites-moi le dernier mot du pardon.

JANE, s'assurant que personne ne peut les voir, et se jetant à son cou.

Je t'aime!

FIN.

LAGNY.— Imprimerie de A. VARIGAULT.

EN VENTE CHEZ LE MÊME ÉDITEUR

VOLUMES GRAND IN-18, A 3 FRANCS LE VOLUME.

OUVRAGE DE HENRY DE KOCK.

OUVRAGES DE PAUL DE KOCK.

OUVRAGES D'ERNEST CAPENDU.

Lagny. — Imprimerie de A. Varigault.

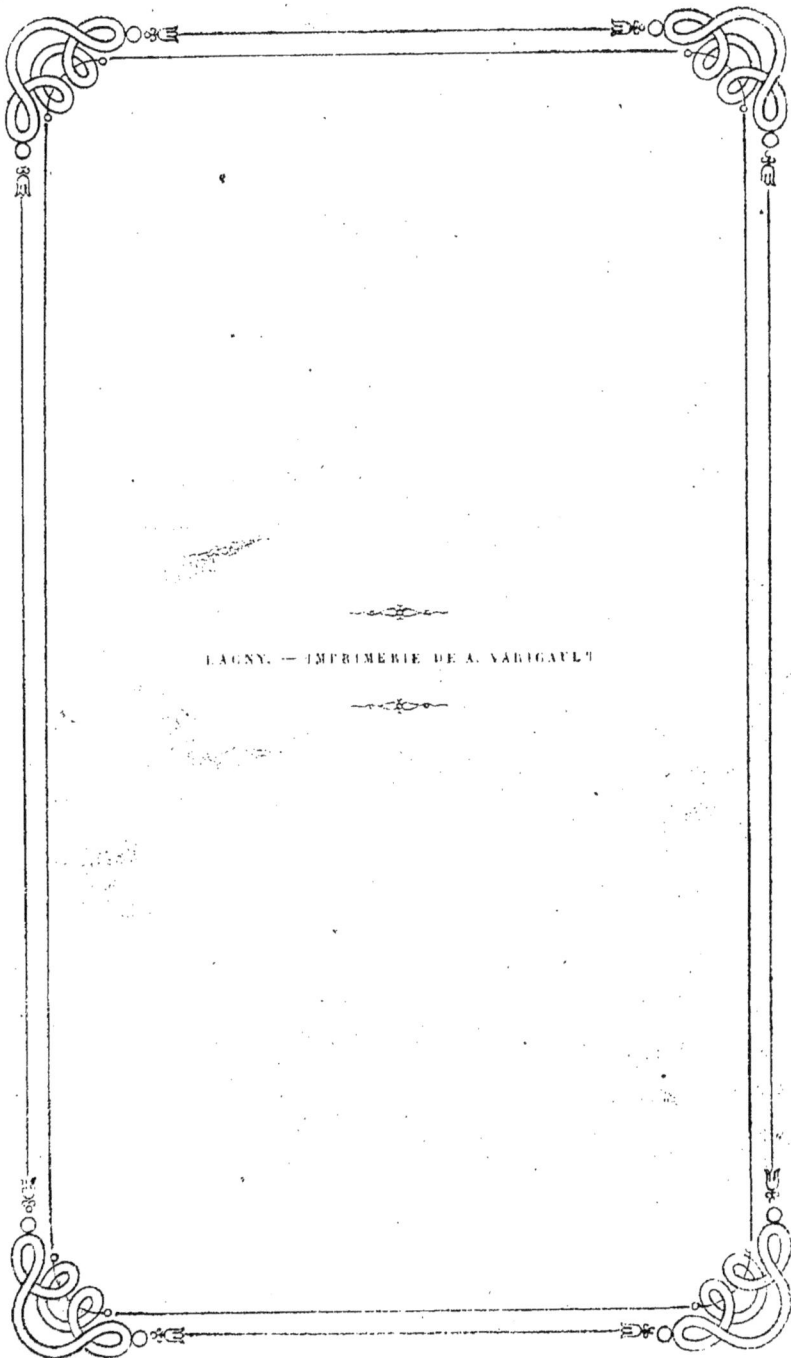

LAGNY. — IMPRIMERIE DE A. VARIGAULT

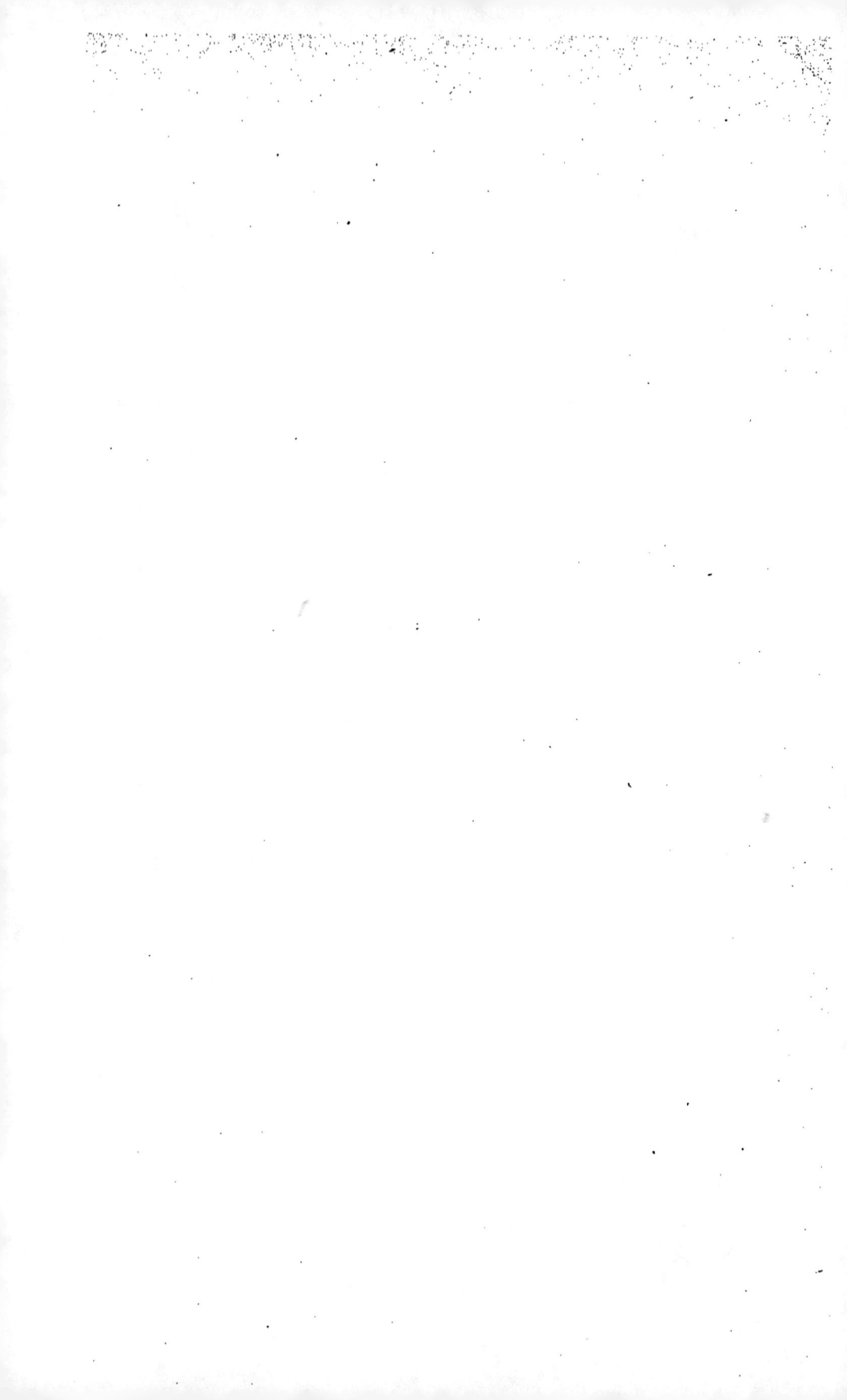

www.ingramcontent.com/pod-product-compliance
Lightning Source LLC
Chambersburg PA
CBHW052359090426
42739CB00011B/2429